斯多葛致富之道

1%富人的理財心態，
三個原則穩步達成財務自由

The Stoic Path to Wealth:
Ancient Wisdom for Enduring Prosperity

達瑞斯‧佛魯（Darius Foroux）◎著
陳宜婕◎譯

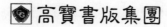
高寶書版集團

Contents

斯多葛投資法

累積財富的古老智慧：斯多葛主義

第 1 章
我對長久富足的追求

　　1987 年，我在伊朗德黑蘭出生，那時候兩伊戰爭如
火如荼。一年後，我的母親離開了家鄉，前往荷蘭，她的
一些親人早在幾個月前就已在那裡落腳；我的父親被迫留
在國內，母親只好孑然一身踏上遙途。她抵達荷蘭移民歸
化局時身無分文，除了一只皮箱，別無所有。後來父親於
1990 年抵達荷蘭團聚時也沒有任何家當。他只能走陸路，
花了快兩個月才抵達荷蘭。這乍聽之下很不可思議，但確
實是全球數百萬人命運的縮影。如果你生活在素有文化大
熔爐之稱的美國，你的前幾代人很可能像我父母一樣，出
於相同原因離鄉背井。

　　每個被迫告別故土的異鄉人都必須從零開始建立生活。
我的父母必須重新接受教育、學習新語言、適應新文化、

重建社交圈，還得傾力為我們一家四口打造更明亮的未來。從我有記憶以來，家中的經濟狀況只夠勉強餬口，而且深陷負債，所有事情都圍繞著「金錢」打轉，或著應該說圍繞著「缺錢」打轉。

父母胼手胝足想讓我們過上好日子，又總為了生活用品或衣物等各種日常開銷爭吵不休。儘管經濟拮据，我和弟弟從沒餓到過，甚至還有台任天堂遊戲機。然而我一直有股罪惡感，感覺我是一切經濟重擔的源頭。即便我不是非常清楚具體細節，但總能感受到空氣中的緊繃氣氛。有個想法始終縈繞我心：「要不是我，他們就不用花這些錢，也不會為此吵架了。」我現在知道小小年紀的自己沒必要扛下所有責任，但不可否認，這股憂患感盤踞著我的童年，因此我下定決心要飛黃騰達，擺脫這種窘迫生活。

這股動力促使我大學選擇商業和金融領域。當時同儕們對未來一片茫然，對我來說道路卻再清楚不過了。我的唯一目標就是賺進大把鈔票，而我相信攻讀商學院絕對是達成目標的不二捷徑。

2007 年，我還沒畢業就得到 ING 的工作，這是一間荷蘭國際銀行，當時版圖擴及全球，各地業務如日中天。那時，金融海嘯還沒發生，整個產業的監管機制不如現今嚴謹。課後傍晚我到 ING 工作，起初待在個人金融業務部門，工作內容不外乎幫客戶申請信用卡或個人貸款這些一般業務。三個月後，因為信用卡業績亮眼，我被調到投資部門擔任共同基金顧問。這簡直是美夢成真！青少年時期，我總嚮往《華爾街》（*Wall Street*）和《搶錢大作戰》（*Boiler Room*）這類電影所描繪的金融花花世界。獲得調職機會時，我開始幻想自己如《華爾街》的證券經理人巴德・福斯那般用電話銷售股票。我的工作是銷售共同基金，也就是一籃子的股票，雖然和巴德・福斯買賣單一企業股份不大一樣，但對我來說已經離理想不遠了。我感覺自己就是個貨真價實的證券經理人。

　　當年要在荷蘭金融市場當顧問簡直易如反掌，我只參加三週的訓練課程就上工了。工作內容很簡單：聯絡已經投資其他金融產品的現有客戶，說服他們投資我們公司最新推出的共同基金。當時大眾仍然信任銀行，也很愛與銀行打交道，因此我跟客戶交涉順利，業績相當亮眼。

　　回顧過去，我不禁想：「一個乳臭未乾的二十歲小毛頭到底憑什麼只接受三週訓練，就有資格建議客戶要投資什麼東西？」金融產業利字當頭，銀行以各種主題包裝，不斷推出新的共同基金，從永續能源、新興市場到科技，五花八門應有盡有。共同基金是由基金經理人挑選的一籃子股票，一旦投資這檔基金，就表示為經理人的眼光與潛力背書。銀行的目標是盡量讓愈多投資人點頭愈好，因為銀行的獲利來源，就是從客戶投資的資金中賺取費用。說服客戶投入共同基金很簡單，畢竟不用親自管理和研究就能賺錢，誰不想坐享其成？客戶只需要把錢投進基金，就能翹著腿靜候鈔票入帳了。

　　幾次成交之後，我覺得自己根本是投資天才，到處跟親朋好友談論我的工作。不僅如此，我甚至還用自己的 ING 薪水買 ING 股票，下單之後便摩拳擦掌，等著賺大錢。我在每股大概 27 美元的時候進場，結果一年之後，ING Direct 的每股交易價格只剩大約 3 美元。我剛好在房市泡沫的高點進場，而後這場泡沫導致 2008 年的金融海嘯。慘賠的我傷心欲絕，而這股陰影困擾了我好多年。

　　不過我沒在最低點賣出股票，而是直到 2011 年我再也受不了這種情緒三溫暖，才以每股約 11 美元撤場。我在四年內損失了 60％的存款，另一方面，整個大環境不僅已漸漸走出金融海嘯陰影，甚至比崩盤之前更加蓬勃。雖然我總共只投入約 2,000 美元，但無論金額大小，損失超過一半總是讓人心痛不已。似乎從小拮据的生活不夠悲慘似的，連股市也要絆我一大跤。投資實在太難了。如同每位股市失利的投資人，我也開始相信這一切只是一場專屬有錢人和華爾街派頭銀行家的遊戲。即便我是商管碩士又專攻金融，仍然不認為自己能靠股票來累積財富。我在賣出手中股票的那天，內心已如死灰。

　　然而，現實情況是，愈不投資愈損失，因為生活成本會逐年增加，日用品、瓦斯、保險、水電，幾乎所有東西的物價都在上漲；更糟的是，並非所有人的薪資漲幅都能跟上通貨膨脹的速度。事實上，除非你擁有資產，否則你擁有的現金價值不是停滯就是逐年減少。下一頁的圖表為通膨對現金價值的影響。1980 年到 2022 年間，美國的年均通膨率約為 3.06％（包含 2021 年和 2022 年的高通膨）。

　　相較之下，市場自 1980 年至 2022 年的年均報酬率為 11.44％。請留意，每當我提到「市場」，指的是標準普爾 500 指數（Standard & Poor's 500，簡稱 S&P 500 或標普 500），該指數追蹤美國前五百大上市公司的股票表現。自 1928 年以來，標普 500 每年的投資報酬率落在 10％左右，經通膨調整後約為 8.38％。乍聽之下不算誘人，但如果對照只抱著現金的做法，就能看出差異了。

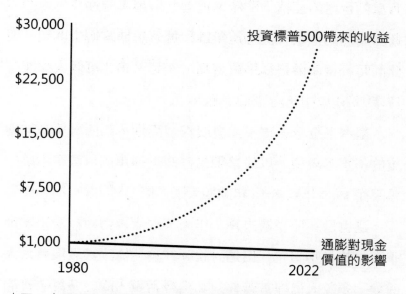

| 圖 1 | 股票市場的正複利與通貨膨脹導致的負複利之間的差異。

　　由圖可知，如果只抱著現金，曲線不會太好看。假設你在 1980 年把一張千元美鈔塞在床墊下，過了四十二年後，2022 年這張鈔票的價值只剩 240 美元。不過如果當初把這筆錢投入標普 500，同樣一段時間後，你的實質回收價值為29,632.5 美元（經通膨調整）。在這四十二年當中，世界經歷了戰爭、經濟衰退、自然災害、政治對峙、股市泡沫、匯率攀升和一場掀起狂濤駭浪的金融危機。除此之外，還有重創全球的疫情，不僅奪走近七百萬人的性命，也造成通膨高達兩位數、供應鏈斷鏈和勞力短缺等衍生問題。與此同時，資產價格卻不斷走高。然而，並非每個人都擁有資產，所以就出現了貧富差距。

　　基本上全球各國不論發展程度高低，都面臨著愈加嚴重的不平等現象。以最繁榮昌盛的美國為例，貧富兩端的差距從 1989 年到 2016 年間擴大了一倍。

　　這也是為什麼過去幾十年來，政治人物和經濟學家都不斷討論貧富議題。但是討論歸討論，情況其實沒有太大改變，多數人仍埋首苦幹只為提升薪資。賺更多錢確實能讓人減輕眼下的經濟負擔，但沒辦法獲得長久的富足。數據顯示，美國有 99％的納稅人年收入低於 50 萬美元，而且 75％的收入來自薪資。相較之下，富人的收入只有 15％到 50％來自薪資。

我們因此學到了累積財富的方法：把錢投資於穩定可靠的資產，並讓它隨時間增長。這個方法乍聽簡單，卻是人生難事，因為我們並非要不計代價地發跡致富，而是希望在累積財富的同時保有內心平靜。物質財富與內心平靜不一定能兼得，有些人榮華富貴、溫飽無虞，卻終日患得患失，被失去金錢的焦慮感淹沒。

我們應該兼顧經濟與心靈的豐足，兩者兼得才是真正的富足。當工作不再是你唯一的收入來源，並且你的錢能在股市中自動增長時，你才真正從以時間換金錢的牢籠中解脫。

無論發生什麼災難性事件，經濟依然會往上成長，市場也會隨之向上。儘管如此，成功的長期投資仍然需要面對幾個挑戰。

🚩 挑戰 1：波動性

多數人都同意股票是累積財富的好工具，但股市波動大，投資股票並不容易。股價時漲時跌，挑動人性中的兩大弱點：恐懼和貪婪。股市向下時令人恐懼，往上時則使人貪婪，忍不住想一股腦把畢生積蓄全投入股市。

2020 年以來，這種態勢在公開市場變得愈來愈明顯。自從新冠疫情爆發，大眾比以往更青睞股票。2011 年，散戶只占股市交易量的 10％多一點，到了 2021 年第一季，散戶已經壯大到接近 25％。

但市場也比以往更加詭譎難測。有一種衡量波動性的方式是看標普 500 在一天內漲跌幅超過一個百分點的頻率。2022 年，有超過 87％的交易日中，標普 500 都顯示出這個現象。而上一次如此頻繁出現這個現象，是 2008 年金融危機最嚴峻的時刻。另一方面，芝加哥選擇權交易所波動指數（CBOE Volatility Index，簡稱 VIX）會反映短期市場波動程度，該指數從 2020 年 2 月到 2023 年初一路往上走。

這些數據在在展現高波動性使市場變幻莫測。如果你讓自己的情緒被股市每天的變化所牽動，結局只有兩種：
不是虧錢，就是知難而退。因此，想在股市勝出，必須無
視市場自然的波動性，時刻保持冷靜。

▉ 挑戰 2：半途而廢

　　投資選項有數十萬種，要挑選合適的投資策略並不容
易。大多數證券商都提供全球各地的股票和商品，我在撰
寫本書的當下，全球超過五萬九千家企業都開放投資。除
此之外還有其他琳瑯滿目的選擇，ETF、共同基金、債券，
以及黃金、白銀、銅和加密貨幣等。

　　不僅如此，許多「專家學者」也來湊熱鬧，預測經濟
活動的各種事件。比方說：有些人十年來不斷在社群媒體
上警告美元將徹底崩潰。世界變動快速，眾聲繁雜，局勢
混亂，讓我們應接不暇，難以判斷是非對錯。我們往往才
嘗試涉略某種投資選項，馬上又被更新穎的選擇給吸引。
涉足太多不同類型的策略反而讓人無法持之以恆。成功的
投資人要有辦法排除不重要的資訊，有勇氣專心致志於自

己的道路，有能力抵抗盲從其他選擇的衝動。

📌 挑戰 3：虧損

在股市中經歷虧損是很正常的。有研究探討股市中活躍散戶的成功率，結果只有 1％到 3％的散戶能在短時間內從股市中賺到錢。

很難想像多達 99％的投資人都曾經遭遇虧損，但我並不意外，每個我知道試著踏入股市的人都曾投資失利。

從股票交易中短期獲利聽來總是誘人，畢竟誰不想在應用程式動動手指就馬上有鈔票入帳。但等到投資人發現情勢對自己不利時，通常已經虧損大筆金錢，因此對股票信心全失了。

另一方面，專業人士的表現如何呢？約 80％的專業經理人表現都遜於標普 500，所以很多人更對投資敬而遠之。你可能也曾投資失利。根據我的個人經驗，一朝被蛇咬，十年怕草繩。但如果就此畏縮不前，將錯失獲利的機會，畢竟股票投資的本質正是把錢投入市場，然後靜待鈔票入帳。

🚩 為什麼情緒管理是投資成功的關鍵

　　我以前一直相信投資是一場數學題目般的益智遊戲，只要套用正確公式就能破解。而且不是只有我這樣想。光在 2021 年，書市就賣出超過八千萬本商業理財類書籍，其中很多都提到投資當中的理性層面。這些書籍傳授投資方法，讓讀者認為投資只關乎實際與理性。事實上，專業的投資人都明白，投資並無關乎理論或知識，而是**情緒管理**。

　　班傑明‧葛拉漢（Benjamin Graham）在 1930 年代建立了第一個系統性的投資方式，他曾說：「無法超越情緒的人難以從投資獲利。」這與普遍看法大相逕庭。

　　1998 年的電影《死亡密碼》（Pi）可說是完美呈現了多數人對投資的想法，這部電影講述天才數學家馬克思‧柯恩（Max Cohen）沉迷於追尋股市背後的數字密碼，好能預測未來走勢。但不論柯恩如何費盡心機，終究換來一場空，整個人走向喪心病狂。柯恩最後摧毀所有心血結晶，放棄一切。當然，多數人不如柯恩走火入魔，但投資際遇十分類似。剛入市場時，我們從新聞或社群媒體聽取建議，經歷虧損後情緒激動，得出結論相信投資只是華爾街富人的專屬遊戲。我在 2008 年那場導致美國 10 兆美元財富一夕蒸發的股市崩盤中，走過了相同的心路歷程。

　　我以前認為只要多吸收投資理財相關知識就能避免虧損，所以除了攻讀商學院以外，我也研究成功投資人士的策略。例如，我研究價值投資的代表人物華倫・巴菲特（Warren Buffett）、查理・蒙格（Charlie Munger）、彼得・林區（Peter Lynch）、比爾・艾克曼（Bill Ackman）、潔拉爾丁・魏絲（Geraldine Weiss）、喬爾・葛林布萊特（Joel Greenblatt）等人。這些投資人的長期策略就是致力找到一間體質健全的公司投資。另外，我為了拓展股市知識也研究許多交易員，包括傑西・李佛摩（Jesse Livermore）、馬丁・S・舒華茲（Martin S. Schwartz）、馬丁・茨威格（Martin Zweig）、保羅・都鐸・瓊斯（Paul Tudor Jones）。交易員的投資角度不同，較著重從價差中短期獲利。因此，他們以低價買入資產，等著價格上漲後賣出。只要能增值，資產的內在價值不是重點。

　　然而直到 2017 年，也就是我初試股票的十年後，我才領略要在股市取勝的關鍵因素。即便我先前潛心鑽研所有知識和規則，仍只停留在紙上談兵，不敢冒險把錢投進市場。我每幾年就斷斷續續投資幾檔股票，但總無法持之以恆，因為我擁有的知識毫無用武之地，覺得自己就像《死亡密碼》結局中的柯恩，只想放棄一切。我想宣稱自己轉向關注哲學是出於好奇，但一切其實自然而然：在對財富的追求徒勞無功之後，我覺得必須保持理智。某天我在讀斯多葛主義代表哲學家塞內卡（Seneca）的著作時，才了解自己為什麼對投資退避三舍，不再踏足嘗試。塞內卡寫道：

　　每一種情緒起初都是幽微的，漸而升起並聚力凝氣；阻止容易剷除難。誰能否認所有情緒皆源於自然？自然寄託我們自我保護的責任，然而若過度陷溺，則為大錯。

　　我放任自己的情緒在那幾年蔓延滋長，最終失去金錢的恐懼壯大如野獸般將我吞噬。而我病急亂投醫，以為吸收愈多知識愈能成功，但其實如同塞內卡所言，我真正需要的是自我保護，停止耽溺於情緒漩渦。接著一切豁然開朗，我從不同角度看待事情，有了新的想法。在暗溝中受困數年後，現在的我能用鳥瞰視角看見大局，我開始明白：

1. 想要透過股票累積財富，我得掌控自己的情緒。

2. 想要掌控自己的情緒，可以借鑑斯多葛主義。

3. 我可以將斯多葛主義應用在投資策略，在闖蕩股市時掌控情緒。

4. 當我這麼做，就能持之以恆，讓金錢隨時間增長。

　　茅塞頓開的我急切地想深入了解斯多葛主義。當然，一定有人討論過投資人如何運用斯多葛的智慧讓自己更上一層樓，但市面上似乎找不到這類書籍，所以我決定分享自己成為「斯多葛投資人」的心路歷程。

　　2015 年 7 月，我開始在 dariusforoux.com 發表哲學、職涯、個人理財和商業相關的電子報和文章，目前文章數已經累積超過五百篇，讀者人數高達三千萬人，從《財星》美國 500 強企業的高階主管到專業運動員都在讀者群之列。除此之外，我的文章曾登上《富比士》、《企業家》、《商業內幕》和《經濟學人》等雜誌。2022 年，線上出版平台 Medium 邀請我執筆每週專欄分享斯多葛主義，吸引了超過二十七萬五千名讀者。

斯多葛主義和投資都是我長期研究和撰寫的主題，但要到 2021 年 2 月我才結合兩者，公開發表相關內容。其實多年來我都默默檢驗自己的「斯多葛投資法」，自從我將斯多葛的原則採納進投資策略後，立刻就見識到心靈堅毅和投資收益的雙重正面影響。標普 500 曾在 2020 年 3 月單月內暴跌 34%，成為我斯多葛投資法的重要試金石。

以前的我一定會落荒而逃，在最低點認賠殺出，但是擁抱斯多葛主義的我保持泰然自若。我相信斯多葛投資法確實有效，也相信時機已經成熟，可以分享這些所學，所以我撰寫了一篇文章，簡單介紹了「斯多葛致富之道」。短時間內，讀者信函如雪片般飛來，表達對這個主題的高度興趣。因此，我知道自己必須提筆寫下這本書。

第 2 章

藉助古老智慧累積財富

　　斯多葛主義是季蒂昂的芝諾（Zeno of Citium）於西元前三世紀在雅典創立的哲學流派。季蒂昂是位於今日賽普勒斯（Cyprus）的一座腓尼基城鎮，芝諾出生於當地一戶富商人家，並繼承父親衣缽，成為一名商人。某日，在一趟稀鬆平常的經商之旅中，芝諾在雅典海岸遭遇船難，所有商貨化為烏有，損失慘重。

　　芝諾決定前往雅典，並在當地發現一本介紹蘇格拉底（Socrates）生平事蹟的書。他問書店主人：「我該去哪裡找到像蘇格拉底這樣的人呢？」這時，雅典哲學家克拉特斯（Crates）恰巧路過。書店主人指著這位路人說：「他就是你要找的人。」這就是斯多葛主義的孕育起點。芝諾歷經失落，試圖在書店尋找答案，後來發現了哲學，便想全心投入其中。這不就是我們每個人與哲學相遇的經過嗎？我們尋求痛苦的解方，只為找到內心寧靜。

一傳十，十傳百，斯多葛主義逐漸遠播，在希臘和羅馬廣受歡迎。這是一門實用的哲學思想，在政治動盪、衝突和內戰不斷的時代，為當時的人們提供一種處世方法。現今時代與古羅馬不可同日而語，但是斯多葛主義的教誨歷久彌新，其思想簡樸又實用，得以在芝諾之後繼續流傳世紀。

斯多葛主義的基本主張是要區分自己可以控制的事物和無法控制的事物。我們只能控制自己的行為、信念與判斷，無法控制其他外在事物，包括他人的想法、景氣好壞、流逝的歲月、意外，甚至我們的決定可能造成的結果。然而，多數人執著於無法控制的事物，所以經濟和心靈都不得滿足。

專注在自己可以控制的事物，不去多想那些掌控之外的事物，便能保有內心平靜。擁抱斯多葛主義的人總在紛亂時局中占得上風。當其他人因為一些風吹草動而失去耐心或耽溺於情緒時，斯多葛主義者保持泰然自若，專注於既定事實。但請別誤會，斯多葛主義並不是教人控制自身遭遇，而是教人如何回應遭遇，最終目標是活在當下，不再擔心無法掌控的事情。

▶ 四位最具代表性的斯多葛哲學家

我將從理財角度介紹斯多葛主義的理念，不論你對斯多葛主義饒有研究或初次接觸都能有所收穫。本書會引用一些著名斯多葛哲學家的話語，在此我先介紹他們出場，讓你對他們有初步認識。

最具代表性的斯多葛哲學家		
名字	生活年代	主要思想
小盧修斯·阿內烏斯·塞內卡（Lucius Annaeus Seneca）	約西元前 4 年到西元 65 年	不執著於自身財富，才能擁有真正的自由
莫索尼烏斯·魯弗斯（Gaius Musonius Rufus）	約西元 30 年到 101 年	簡樸生活對品格鍛鍊至關重要
愛比克泰德（Epictetus）	約西元 55 年到 135 年	全心接受無法掌控的事物，並專注於自我提升
馬可·奧理略（Marcus Aurelius）	西元 121 年到 180 年	人際來往中，須注重公平與真誠

　　小盧修斯・阿內烏斯・塞內卡是一位古羅馬政治家和
哲學家，出生於西元前 4 年左右。他家境富裕，擁有出色
的政治生涯，五十多歲引退政壇，致力於撰寫哲學著作。
西元 65 年，他捲入刺殺尼祿皇帝（Emperor Nero）的陰謀，
遭賜自盡而亡。

　　莫索尼烏斯・魯弗斯出生於西元 30 年左右，家境優渥，
但並未跟隨父親追逐政治，而是終生投入哲學教育。莫索尼
烏斯重視哲學實踐，過著簡樸的生活以砥礪自身。他受到
早期斯多葛主義者的啟發，而他傳授哲學的學校受人推崇。

　　愛比克泰德於西元 55 年左右出生在希臘，母親是奴隸
身分。他師從莫索尼烏斯，後來解脫奴隸身分，在羅馬教
授斯多葛主義。他在希臘的尼科波利斯（Nicopolis）建立學
校，強調要接受發生在自己身上的事，而不受外在因素干
擾。他的學生阿里安（Arrian）編撰《語錄》（*Discourses*）
和《手冊》（*Enchiridion*），記錄愛比克泰德的思想與教誨。

　　馬可・奧理略出生於西元 121 年，十九歲即成為羅馬皇
位接班人。他將日耳曼尼亞（Germania）和雷蒂亞（Raetia）
納入羅馬帝國版圖，涵蓋今日的德國、奧地利、瑞士，以

及部分荷蘭、比利時和法國，基本上統治了整個歐洲地區。奧理略的斯多葛智慧來自愛比克泰德，他在其唯一著作《沉思錄》（*Meditations*）中引用了愛比克泰德的思想。奧理略在位期間帝國正值內憂外患，《沉思錄》是他當時撰寫的個人反思與哲學洞見。《沉思錄》並非斯多葛主義的教科書，而是集結多篇私密書寫，讓人一窺一位成人如何剖析自我、了解外在世界，以及踐諾道德生活。

🔖 古老智慧與現代致富之道

斯多葛主義的本質是教人如何生活。它不只是一大堆信念教條，而是保護理智的指南針。此外，它也可以用來維護財富。多數人以為斯多葛主義者嫌惡金錢，畢竟金錢來去不是我們可以完全掌握的事情。

傳統斯多葛主義認為，我們唯一能控制的只有自己的行為和判斷。循著同樣的邏輯，我們或許可以說，因為金錢無法完全由我們掌控，所以代表一種惡。但即便最嚴肅的斯多葛主義者愛比克泰德也曾說：「如果你能保持正直、誠信和廉潔地賺錢，那就全心去吧！如果要犧牲廉潔，則大可不必。」我很欣賞這種心態，因為它並不批評渴望致富的人。

想擁有榮華富貴嗎？那就去追求財富吧！如果最後事與願違呢？沒關係，只要做對的事，別去擔心結果。

良善的行為會帶來充滿付出、和諧關係與平靜心靈的美好生活。斯多葛主義者是天生的投資家，他們放棄眼前立即的享樂和壞習慣，換得擁有平靜生活的機會。這就是投資理財的核心：**尋求經濟豐碩的過程，等於投資自己的過程。今天你付出一些金錢，讓它們隨時間增長，明天你將擁有更多。**

如果無法保持沉著，則會面臨先前提到的波動性、半途而廢和虧損挑戰。人人都渴望以利滾利，卻讓情緒掌握了決策大權，勸阻自己遠離投資，做出不符合最佳利益的決定。

反之，讓斯多葛主義指引你做出投資決策，你不僅能夠成為情緒的主人，也是個人財務的主人。接下來你將培養優勢，等待收穫長期蓬勃的回報。

第 3 章
三步驟培養斯多葛優勢

　　每個在市場中取得成功的投資人都擁有某種「優勢」。不論資訊、技術或策略,任何優勢都能讓你比其他投資人更占上風。在開始介紹一項不易撼動並且經得起考驗的優勢之前,我想先簡單談談成功投資人通常具備的四種常見優勢。

1. **資訊優勢**:你可以透徹研究一家公司和所屬產業,了解公司的市場利基。取得並吸收愈多資訊,愈能做出明智的投資決策,而且你可以全靠自己,不需要仰賴別人的分析。假設你考慮投資一家冰淇淋公司,你可以著手研究它的冰淇淋產品。但是,擁有資訊優勢其實不如多數人想像中簡單,因為要有辦法從公開資訊中得出獨到睿見，可能需要花費數小時詳細分析，還要深諳投資理論。幸好公司和產業資訊都能免費取得，所以照理來說資訊優勢並非遙不可及。

2. **量化優勢**：1960 年代晚期，數學教授愛德華·索普（Edward Thorp）推出了與眾不同的對沖基金，他以量化分析為策略，幾乎年年在市場上所向披靡。現今應用量化分析的基金稱為「量化基金」，利用複雜的數學計算做交易決策。量化基金背後有一群專家，他們唯一的目標是利用數學在市場中獨占鰲頭。量化優勢所需的數學能力門檻高，並非人人都能擁有這項優勢。

3. **資本優勢**：對大眾而言，華倫·巴菲特是史上最偉大的投資人。對業內人士和研究過他生平經歷的人而言，他是將客戶繳納的保費用於投資的保險業者。紡織公司波克夏·海瑟威（Berkshire Hathaway）的經營權移轉給巴菲特之後轉型為控股公司，旗下資產包括蓋可（GEICO）、通用再保險（Gen Re）、

MedPro Group 等十四家保險業。巴菲特和波克夏透過客戶向公司所繳納的保費，做出了許多明智的決策。因為他們有可觀的額外資本，所以能直接利用來收購許多公司。資本優勢的概念很簡單，但除非你擁有龐大資本，否則一般人幾乎不可能取得資本優勢。

4. **斯多葛優勢**：個人投資仍由個人決策。即使利用 AI 或機器人開發投資策略，仍是由人類發出最終指令，而人類決策無法完美無缺，因為總有情緒作祟。能夠控制情緒、不落入常見錯誤的投資人，自然會勝過那些沒辦法控制情緒的投資人。我把這種能力稱為「斯多葛優勢」。所有我研究過的成功投資人都具備這項優勢，而且不同於資訊、量化和資本優勢，每位投資人都能輕鬆掌握斯多葛優勢。

　　這四種優勢不是互斥關係，例如巴菲特就同時擁有多種優勢。他平均每天花五個小時閱讀企業相關報章年報，因此擁有資訊優勢，並能找出大眾忽略的潛力股。同時，

巴菲特也是全球最大的投資人，光現金資本就有 1,000 億美
元。但是巴菲特不僅把握資訊與資本優勢，他更擁有珍貴
的斯多葛優勢。市面上許多書籍專門探討巴菲特的投資策
略與行為，要找出他的成功方程式，好讓其他人依樣畫葫
蘆。但這些書籍忽略了一個事實，那就是一般大眾缺乏巴
菲特的資訊和資本優勢。光要具備一項優勢就夠難了，更
不用說如同巴菲特具備三項優勢。光讀成功投資人的故事
不會讓人變得富有，除非自己培養出真正的優勢。

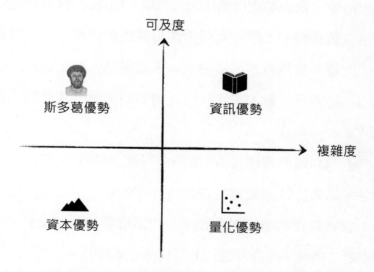

| 圖 2 | 斯多葛優勢既簡單又容易培養，適合所有類型的投資人。

三步驟培養斯多葛優勢

斯多葛優勢的核心是對自己無法控制的事物淡然處之。細究日常，大家其實花費很多情緒能量回應那些無法控制的事物。因為塞車而大發雷霆只是浪費精力。在股市衰退期間反覆思忖自己的投資內容也只是杞人憂天。**重要的不是事件本身，而是我們如何回應事件。**

我認為，如果想透過股市長期累積財富，則不論大環境如何變化都要持之以恆。為了讓自己即使感受到恐懼和貪婪等情緒時，依然能夠堅定地持續投資，我們應該培養每位投資人都能取得的優勢：斯多葛優勢，藉此建立起強大的心理素質，讓人專注於自己的策略，耐心等待時間帶來財富。

不論你採用哪種投資策略，斯多葛優勢都將對你有所助益。如果你擁護價值投資或成長型投資，這項優勢確保你不會在錯誤的時機誤賣股票。如果你擁抱動能交易，本書則能協助你消除交易過程的任何猶豫或掙扎。

如果沒有偏好的策略呢？不用擔心。根據調查顯示，想涉足股市的美國人當中，有半數人都無從下手。不過，針對歷史留名的頂尖投資人的研究和經驗都告訴我們，有一個策略廣受推薦。這項策略有良好的報酬率，而且自1920 年代起就表現出色，那就是被動投資追蹤標普 500 指數的指數股票型基金（ETF）。

ETF 包含一籃子的股票或其他證券產品，由貝萊德（BlackRock）、先鋒領航（Vanguard）和富達（Fidelity）這類投資公司推出。投資公司會選購籃子中的個股，所以投資人不必個別購買這些內容物。ETF 在交易所公開買賣，投資人可以請經理人代為購買，例如先鋒標普 500 ETF（Vanguard S&P 500 ETF，股票代號 VOO）就相當受歡迎。

投資標普 500 ETF 等於投資美國前五百大企業，涵蓋醫療保健、科技、房地產、金融等十一大產業。但為什麼是美國呢？即使你在美國以外的國家安居樂業，不可否認你仍想把錢投入全球最大的經濟體吧。

我不僅自己投資標普 500，也把這個方式推薦給親朋好友。標普 500 的美妙之處在於優良的績效紀錄，而且幾乎不用花時間操盤。自 1980 年至 2022 年，標普 500 的年均報酬率為 11.44％，這表示你的金錢價值大約每六年就漲一倍。如果再考慮近乎於零的時間成本，對我來說是個不錯的選擇。但要確保持之以恆實踐下去，你需要具備斯多葛優勢。

　　我會在本書介紹斯多葛主義的核心精神，並把這套哲學應用於理財。我整理了出三個簡單好記的原則，遵循這條路就能擁有斯多葛優勢，在股市中穩健累積財富。

　　本書前三部分會分別討論這三個原則：**投資自己、接受虧損、讓財富增長。**

斯多葛致富之道

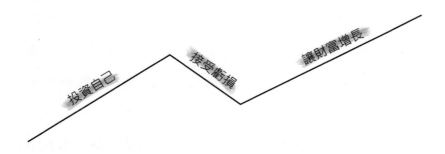

| 圖 3 | 斯多葛致富之道始於投資自我技能和賺錢。一旦能達觀大度地看待金錢並接受潛在的失敗，就能讓財富增長。

　　我相信這是培養斯多葛優勢的基本框架。每一個原則都緊繫投資理財和斯多葛主義的共同核心：**情緒管理**。這條斯多葛致富之道或許無法讓你一夜成為億萬富豪，但絕對能協助你逐步累積財富。

🚩 如何透過本書內容累積財富

　　投資哲學教你最大化金錢的報酬率，斯多葛主義教你最大化時間的報酬率，而斯多葛致富之道兼顧兩者，協助你累積財富的同時善用時間、保持情緒穩定。這本書結合古老的智慧和現代投資巨擘的實用建議，告訴你最寶貴的哲學家與投資人思維。

　　我會在第 4 章至第 12 章開頭介紹一位投資人。一本關於致富的書如果沒有談談華倫·巴菲特、彼得·林區、約翰·柏格（John Bogle）和史丹利·卓肯米勒（Stanley Druckenmiller）等卓越投資人的故事，實在是遺漏一大段金融史。即便你已經認識這些名人，我將從斯多葛主義的角度介紹他們的生平故事，呈現耳目一新的視角。

　　除了上述著名投資人，我也會介紹幾位出類拔萃但較少人知的專家，包括潔拉爾丁·魏絲、凱薩琳·伍德（Cathie Wood）、傑西·李佛摩、愛德華·索普、莫尼斯·帕波萊（Mohnish Pabrai）。魏絲是首位稱霸華爾街的女性投資人，為今天的華爾街女性們引路。伍德使大眾對具破壞性創新的公司和短期損失有了不同看法。李佛摩憑藉操股之技成為華爾街第一位名聲顯赫的投機客，建立了一代神話，今天的年輕投資人仍從他超過百年前的生涯故事汲取養分。索普是第一位將數學導入投資領域的先鋒。帕波萊則是最讓人津津樂道的移民典範，他憑藉著執行穩健的投資建議，在美國發家致富。

　　我將這些投資人的故事與斯多葛主義相結合，汲取出值得學習的地方。本書結構大致如下：首先，在第 4 章至第 12 章中，你會讀到上述投資人職業生涯中至關重要的時刻；接著我會解釋如何運用斯多葛主義的方式，將這些經驗融入你的財富累積之路；再來，章節末尾會收錄一小段斯多葛哲學家的名言，有助你透過思考練習來提升情緒管理的能力。

　　最後，我會在〈斯多葛投資法〉中回答所有實踐方面的疑問。如果你想挑選某檔股票或交易期權、期貨、加密貨幣等金融產品，我也會分享一些小祕訣，可以搭配你長期採納的策略一併使用。我不僅長期投資標普 500，也交易幾檔股票和期貨，過程中我總是仔細謹慎地操作、限制虧損，最重要的是確保自己能獲利。

　　致富的關鍵不是你懂得多少知識，而是你多擅長管理自己的情緒。愈能調適心情，愈能堅持下去；愈能堅持，愈能實踐投資策略，讓自己致富。總的來說，心理層面是最重要的。這本書將使你擁有斯多葛優勢。

沉思片刻……

萬事萬物對靈魂毫無牽制作用，

它們穩靜不移，存在於靈魂之外。

干擾只來自內心，來自我們的想法。

——馬可·奧理略

　　斯多葛主義認為我們只能控制自己的行為，無法控制行為導致的結果。保持良好飲食和運動習慣的人仍可能死於心臟病。

　　在投資理財中，我們只能決定採取哪種策略和自己是否持之以恆。從現在開始養成習慣，談到投資理財時思考自己的行為：下一步該怎麼做？透過什麼方式去做？

　　盡可能不要去想結果：實質收益多少？什麼時候能兌現？這些問題的答案都不在我們的控制範圍內，現階段多想也只是浪費精力。

原則一

投資自己

不要將「困難」和「不可能」畫上等號，

而要意識到，如果一件事人力可及，你也做得到。

——馬可·奧理略

第 4 章

一技之長更勝金錢

　　累積財富的第一步不是砸錢投資市場，而是投資自己。發展一技之長對個人的經濟穩定與成功至關重要。不論景氣如何浮動，只要精通於自己的專業領域並為社會帶來貢獻，一技之長都能帶來穩定收入，讓你在逆境中站穩腳步。市場藏有損失風險，但你永遠不會喪失所懷技能，隨時能學以致用，創造收入。

🔖 從中輟生到億萬富翁

　　華爾街少有麻雀變鳳凰的勵志故事，許多專業交易員和銀行家背景顯赫，畢業於常春藤名校，在校表現優異。最早在華爾街闖出名堂的名人傑西・李佛摩則是少數案例，他連國中都沒畢業，然而今日，他被視為史上最強投機客。

1877 年，傑西‧李佛摩出生在麻薩諸塞州的阿克頓。十四歲時，父親要他輟學，在家裡的農場工作。但少年李佛摩熱愛閱讀和數學，絲毫不願遵循父親的腳步，他總是閱讀報紙財經版，夢想著成為股票交易員。1891 年，在母親的協助下，他離開家鄉，來到波士頓，並立刻前往證券經紀公司 Paine Webber 求職。李佛摩跟經理說自己想找份工作，任何工作都可以。幸運的是，當時公司正好缺一位「板生」，於是他錄取了。接下來兩年半，他的工作就是把證券行情抄在黑板，讓客戶可以查看最新股價。

證券經紀商絕對是學習股票交易的最佳學校，李佛摩像塊海綿般吸收所有新知。他認識了經驗豐富的經理人、財力雄厚的客戶、最即時的股價，並且在午餐或休息時間埋頭研究經理人前輩們的交易理論。

李佛摩下班後仍滿腦子想著市場運作。他在筆記本抄下股價變動，逐漸看到一些趨勢。他記下以往的股市漲跌，然後再根據價格行為預測未來走勢。他驚訝地發現，自己的預測準確度竟高達 70％，這讓他充滿信心地將職涯轉向股票交易員。這種藉由分析歷史交易數據預測未來漲跌的方式，就是如今「技術分析」的起源。

　　李佛摩存了將近 200 美元，希望作為操盤本金。不過，當時的投資人除了要負擔交易成本外，還得支付高額佣金給經理人，而經理人能從闊綽的客戶身上撈到更多油水，所以對李佛摩這種小型投資人根本不屑一顧。因此，即便對一個十九世紀的十六歲小夥子而言，200 美元已經是一筆了不起的數目了，他也沒辦法拿這筆錢開證券帳戶。

　　但是李佛摩下定決心要投入股市，因此他轉向第二條路：對賭行。在對賭行進行交易，更像是在投注賽馬，對賭行會公布最新的股價，讓客人押注股票漲跌；不過，這些賭金從來沒有流入真正的股票市場。

　　對賭行是李佛摩大展身手的好地方。他很快地嶄露頭角，一星期就賺了超過 50 美元。在此之後，他持續從對賭行贏錢，最後在十七歲時辭掉 Paine Webber 的工作，全職從事股票交易。

　　對賭行如同賭場，只有多數客人輸錢時才能獲利，而李佛摩的輝煌戰績自然引起了注意。在他與某一家對賭行進行多次交易並大賺 1 萬美元後，他的運氣終於耗盡了——
這家對賭行有黑道背景，最終把他列為拒絕往來戶。

　　當時，李佛摩的鼎鼎大名已經傳遍波士頓其他對賭行，
因而遭到全面封殺。這件事並沒有擊垮李佛摩，他決定前
往紐約重起爐灶。1900 年 9 月，李佛摩帶著滿袋的鈔票與
信心抵達紐約，卻發現當地的對賭行都關閉了。

　　原來，對賭行的火熱生意已經威脅到以客戶佣金維持
營運的華爾街，對賭行的交易規模甚至一度超越紐約證券
交易所，導致合法正規的生意反而失去了賺頭。不僅如此，
有些人會把對賭行當作洗錢基地，所以當局決定出手關閉
這門地下生意。

　　對賭行的沒落並不影響李佛摩，他知道自己採用的策
略不論在對賭行或證券商都能奏效。這時，二十三歲的李
佛摩不僅有六年的全職交易經驗，也有足夠的資金開證券
帳戶了。

　　李佛摩開始在紐約市場立足之時，剛好遇到了新一波
強勁牛市。價格飆漲再加上股民的振奮情緒推波助瀾，有
好幾週的時間李佛摩的每場交易都賺進了數千美元。在早

期一場最為人樂道的交易中，他短短一週內就把 1 萬美元變成了 5 萬美元。

這是李佛摩初次嚐到牛市的滋味，他決定前往歐洲度假，沉浸在財富的美好當中。不過，他仍然時刻保持警惕，因為他知道股市如同四季更迭，牛市也有結束的時候。

1907 年，李佛摩開始做空聯合太平洋鐵路（Union Pacific）、雷丁鐵路（Reading Railroad）等上市公司。做空是指投資人預期股價將下跌，所以「先賣後買」，向證券商借股票賣出，等價格下跌後再以更低價買回，從而獲利。

李佛摩開始做空沒多久，因為政府寬鬆的貨幣政策無法監管大量投機行為，金融大恐慌爆發，危機蔓延全美。10 月中旬，紐約證交所的股價相比前一年的最高點下跌了幾乎 50％。李佛摩則在大恐慌期間大賺了 100 萬美元。

然而好景不常，之後他鎖定棉花，表現卻不如預期，一年內就賠上了所有財產並宣告破產。後來，他重拾過往的筆記，回顧曾引領他達到事業巔峰的投資策略，並且反省錯誤。他重整旗鼓後說道：「我不需要勝過華爾街。我需要戰勝的是自己的情緒。」

　　他深信自己已蛻變為更成熟的投資人，但這不是最後一場挫敗。1915 年，李佛摩再次宣告破產。然而不論損失多慘重，他從不懷疑自己的獲利能力。在華爾街的日子，他建立了強大的銀行和證券商人脈，這些人都相信李佛摩能為他們賺到錢，因為他每次出手，這些公司都能獲益。

　　雖然李佛摩的債務已經導致兩次破產，證券商從不急著催他還款。這些證券商知道他的成功並非僥倖。畢竟，如果一個人每次慘賠後都能連本帶利賺回來，那就表示這個人有真本事。

　　憑藉這份信譽，銀行仍願意出借資金給李佛摩，而資金對專業交易員來說至關重要。1916 年末，贏了幾筆大單之後，他的資產淨值達到 300 萬美元，令人瞠目結舌。自此他站穩腳步，每年在華爾街穩定累積資產和名聲。而讓他真正名留青史的輝煌一役正是 1929 年的股災。當時多數投資人血本無歸，李佛摩反而賺得盆滿缽滿。

　　1929 年 10 月 28 日是俗稱的「黑色星期一」，紐交所的價格以前所未有的幅度在一天內挫跌近 13％。隔日，即「黑色星期二」，市場再暴跌 12％，短短兩天蒸發掉市場上數十億美元財富，擊倒數千位投資人。

　　李佛摩那天回到家，妻小淚水滿盈地衝向他。當時的妻子桃樂絲・李佛摩（Dorothy Livermore）鎮日坐在收音機旁，聽新聞報導風光一時的投資人接二連三跌入深淵。桃樂絲讓孩子們做好心理準備接受壞消息，他們可能要搬離豪宅、拋售家當，住進郊區的便宜公寓。

　　然而李佛摩卻帶著微笑走進家門。他搶占先機，預先大手放空，因此「黑色星期一」市場狂瀉時他反倒滿心歡喜，在這期間大賺 1 億美元（約等於現在的 15 億美元）。

　　綜觀李佛摩傳奇的投資生涯，不論賺錢或賠錢，他都持續學習並精進自己。當人生最重大的機會以股災的樣貌出現在眼前，他已做好萬全準備，抓緊時機，強勢出擊。

▓ 踩著技能墊腳石，提升學習能量

　　芝諾相信，「人生的目標是與自然和諧共存」。簡單來說，能夠適應世界的人活得快樂，反之則不然。這也是事業成功的關鍵。如果我們從內心尋找答案，就會在社會上茁壯成長。問問自己：我能對社會做出什麼貢獻？探索答案後學習所需技能，就永遠不愁沒工作。這種適應力就像一台印鈔機。

儘管傑西・李佛摩跟芝諾的家世懸殊，卻擁有相同的處世原則。他們主動適應外界，而不冀求外界順應自己。冀求他人不就等於失望嗎？如果只因為手握文憑就認為公司理所當然該錄取你，遲早會學到謙遜。世界的運作以「交換」為基礎，人們創造價值以交換經濟回饋。

從零開始累積財富的基礎，就是憑藉一技之長提升自己的社會價值。寫作、寫程式、演講、設計、領導眾人，任何能帶來收入的技能都十分可貴。但所謂「可貴的技能」會與時俱進。在十九世紀，懂得維修電報機以傳遞股市資訊確實是可貴的技能，但自從電話和傳真機問世，電報維修師就被時代淘汰了。想成為能夠適應世界的人，就要懂得如何學習，而當一個人可以習得任何技能時，就能夠適應世界的需求。羅伯・葛林（Robert Greene）是談論發展個人天賦重要性之著作《喚醒你心中的大師》（*Mastery*）的作者，他說得最好：「能以創意展現跨領域技能的人，必能掌握未來。」

適應力是斯多葛主義者引以為榮的能力。不論命運丟出什麼難題，他們都能尋得內心平靜。這般靈活開放的心態在科技日新月異的今日更顯重要。

我們必須訓練自己廣納新知，適應任何情況。正如愛比克泰德所言：「教育的意義是什麼？教育即是學習如何適應。」

斯多葛主義者和投資巨擘都有獨特的學習方式，我稱這個學習架構為**技能墊腳石**。

1. **依循本性**：每個人都有與生俱來的天賦，專注於你原本就擅長的事物能創造更多價值。
2. **向最優秀的人學習**：一旦決定學習一件事，必定要跟隨領域中的佼佼者，因為只有專業人士能引領你達到新的高度。
3. **獨當一面**：學習一段時間後，你將能夠把每個點連成面，以獨特的方式運用技能。
4. **盡力而為**：學習過程別忽略心理健康和休息，壓力過大反而會形成阻礙。

這套學習架構可以開啟或提升你的職涯。接下來，我將詳細討論每一個要素。

1. 依循本性

沒什麼事情比違背本性更拖慢人生進展了。許多人追尋職涯時並非根據天賦、專長或興趣，而是一些沒道理的原因。也許父母希望你當律師，所以你讀了法律系，結果發現所學並非本性所在；或者你受到年輕矽谷創業家的故事鼓舞，決定踏上創業之路，結果發現自己不適合當老闆。

如同李佛摩年輕時意識到自己的興趣那樣，我們一定要釐清自己追求的職涯是不是熱情和專長所在。少年李佛摩被父親的繼承壓力困在農場，但他其實熱愛閱讀財經文章，也對數學十分在行。

想精通某項技能需要兩個條件：**熱情和天賦**。必須有一定程度的熱情和天賦，才能駕輕就熟地掌握技能。

我們應該把重點放回自身，如果一味追求熱門或高薪工作，忽略天賦所開闢的道路，很快就會發現一切只不過是白費心力。以李佛摩為例，他滿腔熱情、有優異的數學能力和記憶力，成為一位股票交易員實在合理不過，而且他的能力只會隨時間不斷進步。

要在熱情與天賦的交叉點上精進技能，必須經過某種程度的**自我反思**。自我反思正是斯多葛主義的重要心態。塞內卡是最富有的斯多葛哲學家，他經常提及自我反思的重要性。塞內卡五十多歲時引退政壇、投入著書，完成日後許多哲學經典，包括一百二十四封寫給好友盧基里烏斯（Lucilius）的書信。他敦促好友「追尋自我，以不同的角度審視與觀察自己」。

別指望不付出任何努力就全然認識自己，不妨和李佛摩一樣寫日記，記下你的所思所想，回頭閱讀並分析這些思緒，試著從中找出興趣與專長。你最常提及的事物，往往就是答案。

2. 向最優秀的人學習

哲學皇帝馬可・奧理略曾寫道：「精進閱讀和寫作能力，

需有賢師領導。」奧理略寫下這句話時已成為羅馬皇帝，可說是掌握全西方最大權柄的人，然而他保持謙虛，從不自視甚高，仍然渴望向良師求教。

傑西・李佛摩在 Paine Webber 工作，將自己浸淫在全美金融世界中最頂尖的證券商，每分每秒不斷吸收新知，連午餐時間也沒閒著。

向最優秀的人學習是發展技能時被低估的部分。我在 2010 年和父親一起創業，三年半之後遇到個人發展瓶頸，所以我到《財星》美國 500 強企業顧能（Gartner）工作，希望了解世界級企業的工作方式。在顧能的時候，我在下班時間跟優秀的同事們去酒吧或餐廳放鬆，學到的遠比兩個月正規職初訓練更多。愈常和優秀的人交流，愈能向他們學習。

一旦決定學習一件事，必定要跟隨領域中的佼佼者。如果對方不是頂尖，就不要聽取意見。李佛摩在一流證券商工作是有原因的，他想成為最優秀的交易員。

愛比克泰德曾說：「是時候認真實現你的理想了……立志成為不凡，立刻採取行動。」

3. 獨當一面

無論向哪個領域中最優秀的人學習，你將發現每個人都有自己的一套方式，就如每位成功投資人的選股策略都稍有不同。這些前輩是你的良師，帶領你到今日的位置。

不過，總有一天你必須擺脫學生身分，把全部所學轉化為自己的想法、風格、策略、規矩、藝術或技法。

傑西・李佛摩辭掉 Paine Webber 的工作時，懷抱著成功選股的信心。他已經從前輩、客戶和同事身上獲得所有要領，進一步建立一套自己的交易方式了。

愛比克泰德也曾強調脫離前人的重要性：「你還不是蘇格拉底，但你可以具備成為蘇格拉底的野心。」即使你還沒成為所處領域中金字塔頂端的人物，永遠要保持著對頂端的渴望。

我的寫作之路也有相同經驗。有個常見的寫作建議是「從模仿自己最鍾愛的作家開始」。著名記者、作家及教師威廉・金瑟（William Zinsser）的文章〈找個榜樣〉（*Looking for a Model*）寫道：「寫作的起點是模仿，每個人都需要有個榜樣。」我的寫作起點是海明威（Hemingway）、帕拉尼

克（Palahniuk）和金瑟。模仿讓我起步，許多作家也是這樣
開始的。

　　但是，大多數作家並不明白，金瑟說的是「剛開始」
要找個榜樣。金瑟在著作《非虛構寫作指南》（On Writing
Well）中就曾如此強調。該書從 1976 年出版至今仍是寫作
者必讀之經典。寫作者最終必須發展出自己獨特的風格，
畢竟沒人想看第 N 個冒牌海明威的作品。

　　到某個時間點，你學得夠多了，就該停止追隨，開始
獨當一面。

4. 盡力而為

　　要達成卓越就得不停學習和練習，過程勞心又勞力。
持之以恆當然是正確的態度，但也必須知道自己的極限。
如果沒有刻意關心自己的能量分配，不可能保持斯多葛心
態。在精疲力盡的狀態下，無論是工作、家庭，或是投資
決策，生活中的每個方面都會明顯受到影響。

　　我們必須適時喊暫停才能維持好表現。傑西・李佛摩
就沒有學會這一點。他從 1900 年到 1934 年間破產三次，

而且每次原因都一樣：他冒太高風險，太執著於賺大錢，只想大獲全勝。他沉迷於股票交易，甚至會中途取消假期，回到交易工作。

│圖 4│把你的能量想像成車速儀，你當然可以「超速」，但長期來講，給自己太大壓力只會造成反效果，最後可能落得狼狽。如果想長期奮戰又保持好表現，記得要充足休息並空出時間注入心靈能量。

　　幸好李佛摩擁有深厚的技能和經驗，才有辦法在每次破產後重新賺得數百萬——除了 1934 年最後一次破產。李佛摩受夠了一切跌宕起伏。華爾街的法規比經濟大蕭條之前嚴謹許多，這讓他覺得自己在華爾街格格不入。投資生涯不再順遂的他開始撰寫投資書籍，但是寫了幾年並出版兩本書之後，他陷入憂鬱深淵，從此一厥不振。1940 年，他親手結束了自己的生命，享壽六十三歲。

　　憂鬱症不容忽視，需要尋求專業協助。我們必須提升
對憂鬱症的意識，展現對患者的同理。有一種保衛心理健
康的方法是避免給自己過多壓力。我知道這不容易，因為
我們都希望所有努力立竿見影，所以為了追求成功，總給
自己施加過多壓力。

　　斯多葛主義提醒我們放下壓力、後退一步，並專注在
自己能夠控制的事物。以工作為例，我們只能控制自己的
表現好壞與能為世界做出的貢獻，但是無法控制隨之而來
的經濟回饋。所以累積財富的基石是發展一技之長，這才
是我們百分之百能掌握的事物。

沉思片刻……

唯有受過教育的人才是自由的。

——愛比克泰德

　　你對教育的看法是什麼呢？多數人將教育視為人生的
第一階段，一旦離開校園，學習生涯就畫下了句點。

　　但學習真有結束的一天嗎？試著換個角度想想，只要
持續吸收新知，就能享有真正的自由。

　　談到自由，斯多葛主義者談的不僅是財務自由。從斯
多葛的角度來說，自由是從無知的枷鎖解放，是平和地生
活，是不受任何想法或思想束縛、不受外在事件影響，是
隨時保持平靜。

　　我們可以持續砥礪心智，達成這些目標。

章 節 重 點

◎ 累積財富之初，請專注於發展一技之長。當你知道如何
習得技能，就有辦法適應生活與經濟。當你具備可貴的
技能，就能避免落入長期失業之苦。

◎ 與人性和諧共存。「好好生活」就是泰然面對人生。試
著適應，而非抵抗我們無力改變的事實。

◎ 踩著技能墊腳石提升學習能量。專注於你的天賦所在並
決志追求卓越。向最優秀的人學習，發展出自己的方法，
每天全力以赴。

◎ 保衛心理健康。人生是場馬拉松，確保自己能持續往前
並持之以恆。長期盡心盡力比短時間切換衝刺和休息模
式更有成果。

第 5 章
市場的隱藏規則

　　沒有人不想快速致富，網路上隨處可見快速賺錢的建議和方式，但你會發現這本書介紹的傑出投資人們不抄捷徑，而是腳踏實地一步步往上爬，理解投資的基本概念之後再慢慢累積財富。透過這一章節，你將深入了解股市的運作方式，也會稍微窺見投資產業，並學到聰明投資小訣竅。這些知識能夠移除理財路上的不確定因素和疑惑，為你拓展方向。

📖 一個股神的誕生

　　1950 年春天，十九歲的華倫・巴菲特萌生了申請哈佛商學院的想法。當時，在家鄉就讀內布拉斯加大學的他即將完成學業，想要到哈佛大學繼續進修。

他認為自己需要建立來自常春藤名校的光環與人脈，但在入學面試時，他就知道希望破滅了，「我看起來就像十六歲，心智年齡感覺上只有九歲。幾位哈佛校友花了十分鐘和我面試，他們評估我的能力之後拒絕了我」。

哈佛商學院的挫敗反而引領巴菲特轉向另一條更好的道路。他順利進入哥倫比亞商學院，在那裡認識了他的恩師班傑明‧葛拉漢，也就是開創性著作《證券分析》（*Security Analysis*）的共同作者[1]。

在 1930 年代以前，華爾街根本不存在「長期投資」。事實上，自十八世紀股票市場正式誕生到 1920 年代晚期，股票主要都是投機者的遊戲，投機者買賣股票旨在短期獲利，而非建立長期財富，這種投機策略在咆嘯的 20 年代[2]變得更受歡迎也更具風險。當時，股票幾乎穩賺不賠，人們高價買入股票，等待更高價時賣出。

第一位提出以股票作為長線複利機器的人是艾德加‧

1　另一位作者是班傑明‧葛拉漢的同事大衛‧陶德（David Dodd）。

2　咆嘯的 20 年代（Roaring Twenties）指的是第一次世界大戰後，歐美經濟蓬勃成長和普遍繁榮的 1920 年代。

羅倫斯‧史密斯（Edgar Lawrence Smith），他在 1924 年
出版《長線投資獲利金律》（*Common Stocks as Long Term
Investments*），挑戰傳統認為股票僅是投機工具的觀念，首
創應用數據分析於股票報酬。他發現二十世紀前二十年，
股票表現一向優於債券。把時間軸再往前推，任何十五年
期間只要投資人持股多元（類似道瓊工業平均指數），虧
損機率只有 1%。這些數據到今天仍然適用。

　　葛拉漢和陶德的著作奠基於這種以不同方式研究股票
的架構。實際上，《證券分析》成為 1930 年代甚至整個二
十世紀的投資聖經。葛拉漢後續於 1949 年出版了《智慧型
股票投資人》（*The Intelligent Investor*）。巴菲特如飢似渴地
讀了這兩部顛覆華爾街傳統觀念的經典。葛拉漢在華爾街
掀起一場革命，建立了長期且系統性的投資方式，因此巴
菲特非常渴望能和他共事。

　　巴菲特開始攻讀哥倫比亞商學院經濟學碩士時，就希
望能在葛拉漢創立的葛拉漢‧紐曼基金（Graham-Newman
Corporation）工作，甚至主動表示願意無償工作。他在校成
績優異，也和葛拉漢建立了良好的師生關係，但葛拉漢婉

拒了他，因為公司只聘猶太人——當時投資界瀰漫反猶氣氛，而葛拉漢‧紐曼基金希望做出改變。因此，巴菲特只好回到內布拉斯加，在他父親的公司巴菲特福克（Buffett-Falk & Co.）擔任經理人。

巴菲特不喜歡這個向客戶推銷股票的工作，他喜歡買股票，但不愛說服別人買股票，當他的建議導致客戶損失時，他更是對這份工作厭惡至極。

我們今日買賣的共同基金或指數基金本質上就是一籃子股票，但現在廣受歡迎的指數基金當時根本不存在，想投資的人只能找經理人尋求投資建議、選擇標的，以及執行交易。

雖然巴菲特當時早已不是投資新手，但他確實不熟悉投資業務。後來，他漸漸意識到「投資技巧」和「投資業務」之間的差別。

投資業務是一個以股票產生收益的產業。以巴菲特的經理人工作為例，這份工作的收入高低是依據股票成交量，而不是投資績效；換句話說，不論客戶是賺是賠，經理人都有賺頭。這不是巴菲特想做的工作。

　　巴菲特早在 1941 年十一歲時，就以 114 美元做成了他的第一筆投資。十年之後，他的個人股票資產達到 19,738 美元，卻無法勝任股票銷售工作。他回憶道：「我當時二十一歲，到處拜訪客戶說服他們買股票。談完之後客戶總說『你爸怎麼想？』，幾乎無一例外。」

　　當他發現有些客戶聽取了他的建議，卻向其他經理人買股票時，他感覺自己受到欺騙。後來，他慢慢學會了投資業務的規則，然後斷定自己對這份工作毫無熱情。他只想安安靜靜地幫別人管理金錢。

　　如同每個職涯遇到瓶頸的人，巴菲特也開始尋求其他出路，好擺脫令他生厭的工作。如果他有更穩定的經濟保證，就能全心投入他喜愛的事情：股票投資。接下來，他靈光一閃，決定跟朋友買下當地一間加油站，希望能賺點外快。就這樣，他成為了一個小企業主，然而事業發展並不如預期。

　　「這間加油站是我最蠢的決定。我賠了 2,000 美元，這對當時的我來說是個大數目。我第一次受到重挫，真是慘痛的經驗。」最後巴菲特賠掉了 20％的淨資產。事實上，他的加油站從沒賺到錢，因為隔壁有一家德士古（Texaco）加油站吸引更多顧客上門。

巴菲特回到家鄉奧馬哈之後沒一件事順利。他當時太年輕，找不到人生的道路，只知道自己寧願幫別人管理資金，也不要當個只靠佣金過日子的經理人。畢業後，他一直跟葛拉漢保持聯絡，由於在家鄉沒有成為專業投資人的機會，他轉而不停地向葛拉漢提出股票建議。他的策略是持續向葛拉漢提供自己的價值，而他的這些建議也確實能帶來成果。

持續聯絡兩年之後，葛拉漢對他說：「回來吧。」於是，巴菲特的堅持終於換來美夢成真。葛拉漢・紐曼基金是間小公司，加上葛拉漢和巴菲特總共只有八個人。巴菲特的辦公室沒有窗戶，他比任何人都用功，謹慎嚴格地研究各家企業，除了審視財報、股價和管理層，如果可以的話，他甚至會親自上門造訪企業。

相較之下，其他專業投資人只會坐在辦公室裡翹著腳讀股票分析師寫的報告。分析師會負責研究與評估財報內容、市場趨勢和企業表現，並提出建議和預測。

　　但巴菲特不願意受別人的偏好或意見影響，他會直接去找目標企業或甚至美國證券交易委員會（United States Securities and Exchange Commission，SEC）取得需要的資料。巴菲特回憶：「我是唯一會去這些地方的人，他們甚至從沒問我是客戶還是誰。我會跟他們拿四、五十年前的檔案，因為沒有影印機，我就坐在那邊抄抄寫寫，把數據一一記下來。」

　　葛拉漢的策略是買進內在價值高於股價的「菸屁股」股票。換句話說，這麼做等於用優惠價格進場，而內在價值與股價的差距就是葛拉漢所謂的「安全邊際」。巴菲特後來採用其他策略，但他一直遵守老師的「安全邊際」原則：只要買入價比內在價值便宜，幾乎就穩賺不賠了。

　　接下來兩年，巴菲特透過自己所愛的工作，學到了完整的投資規則。待在辦公室的時間裡，他總是打開耳朵，吸收投資業務的運作方式。他明白憑藉技能和知識，一小筆資金也可以轉化為巨額財富，而且想實現這個目標不需要向陌生人推銷股票。

　　然而，這對師生在專業上的關係並不長久。當時巴菲特的事業剛起步，葛拉漢已經六十二歲，年屆退休。天下無不散的筵席，葛拉漢在 1956 年關閉公司，並搬到洛杉磯，執教於加州大學洛杉磯分校。

此時，巴菲特透過投資累積的個人資產已經達到 14 萬美元。葛拉漢・紐曼基金關閉後，他選擇再次回到家鄉。這一次，帶著兩年在恩師麾下學實戰功夫的經驗，他決心留在當地成立自己的基金公司。他不僅擁有經驗、知識和穩健的回報，也建立了卓越的聲譽。

葛拉漢・紐曼基金關閉時，客戶們紛紛問葛拉漢：「那我們未來該把錢交給誰保管呢？」葛拉漢只說了一個名字：「華倫・巴菲特。」

🚩 股票市場的三大核心原則

簡單來說，股票市場就是股票買賣雙方互動的地方。傳統的市場早在五千年前就已經出現（最早提到市場和市集活動的紀錄可追溯至西元前 3000 年），股票市場則要等到十七世紀初才出現。1602 年，荷蘭東印度公司發行了全世界第一支股票，在阿姆斯特丹交易所公開交易。照理來講，人人都能購買股票成為公司的股東，然而當時買股票是只屬於有錢人的玩意。

　　直到二十世紀，普羅大眾才比較有機會參與股市。不過，即便散戶投資愈來愈容易，交易成本還是很高，尤其交易金額愈小更是如此。舉例來說，100 至 400 美元的交易手續費是 3 美元加上交易金額的 2%（最低 6 美元）。所以如果你買 100 美元的股票，實際上要付出 106 美元；換句話說，出手的當下你已經損失 6%的報酬。

　　除此之外，在二十世紀下半葉之前，股市運作根本毫無邏輯可言。買入會上漲的股票，賣出會下跌的股票，就這樣。沒有多少人真正了解股票的實際價值。直到現代金融誕生後，一切才有所改變。艾德加・羅倫斯・史密斯、葛拉漢以及巴菲特等先驅提出了系統性的投資概念。幾年之間，股市就從「市場」壯大為「系統」。我分析出建立此系統的三大核心原則，可以將其想像成股市的遊戲規則。幾個世紀以來，隨著全球股市不停發展，投資界已將這些核心原則視為共通的法則。

股市的三大核心原則

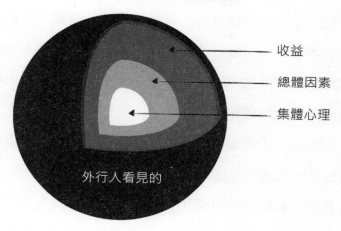

收益

總體因素

集體心理

外行人看見的

| 圖 5 | 股市乍看之下難以捉摸、毫無邏輯可言，但是當我們深入
研究，不難發現股市運作其實圍繞著幾個核心原則，對它
們有所了解，股市就不再像難解的謎團了。

　　了解股市的核心原則之後，你就能以理性、冷靜和獨
到的見解面對投資，避免恐懼或焦慮等情緒化反應影響決
策。當別人受到各方意見影響，覺得市況深不可測時，你
已經充分了解推動市場運作背後的機制，因此能具備足夠
信心挺過波動，根據以下幾個核心原則做出更明智的決策。

1. 收益

在談論房地產投資時，最耳熟能詳的就是：「地段！地段！地段！」這雖是老生常談，卻非常有道理。坐落於精華地段的普通物件，勝過冷僻地段的優質物件。土地畢竟有限，黃金地段總是炙手可熱。而在提及股票時，也有類似的說法：「收益！收益！收益！」所謂收益，指的是一家公司在特定季度或會計年度的獲利。

我剛開始投資時絲毫不理解股票運作，於是套用房地產的邏輯去思考股票，把熱門股票比擬為精華地段的物件。問題是，綜觀股市歷史，沒有任何一家公司能夠久居熱門寶座數十年。紐約市中央公園附近的公寓或法國蔚藍海岸一帶的房子從一百年前至今都是蛋黃區，我們幾乎可以保證一百年後這些地區將繼續享有這般地位。

股票就不一樣了。1920 年代，投資人認為像奇異公司（General Electric，1896 年上市）這樣的公司將長盛不衰，誰想得到奇異公司有跌落神壇的一天？1950 年代，大眾則將期待轉移到鋼鐵產業。但是沒有任何公司能夠永遠保持領先地位。因為股票是由收益所推動的。公司的業務成長、

　　獲利增加時，該公司的股價就上漲，公司甚至不需要公布
盈利數字，投資人只要看到獲利「潛力」就願意出手，期
待未來手中的股票增值。

　　整個投資產業即建立在收益這個概念。機構投資人喜
愛共同基金、對沖基金、年金基金，保險公司則善用主要
關注收益的投資模型。這就是投資產業的趨勢。當華爾街
發現極具上升潛力的股票時，專業人士開始買入，牽動股
價上漲。而隨著該檔股票引起市場注意，分析師（提出買
入、持有和賣出建議）也來參一腳。當愈來愈多買家和華
爾街內部人士加入後，媒體便蜂擁報導。接著，一般大眾
會從全國廣播公司商業頻道（CNBC）、《華爾街日報》
（*The Wall Street Journal*）或社群媒體上聽聞特定幾檔股票收
益驚人，開始產生興趣。但大眾忽略了一件事情：多數公
司的成長故事並不長久，整個過程可能歷時兩年，而且這
段時間裡專業人士一直利用這股趨勢從中獲利。他們對投
資目標的經營狀況瞭若指掌，也比大眾更加明白一件事情：
收益才是唯一關鍵。

　　一旦某檔股票出現成長放緩的跡象，華爾街可以在短

短幾天內脫手，導致曾紅極一時的飆股走跌。當一家公司表現出 30％以上的成長率，大眾投資人便趨之若鶩，期待它未來幾年持續「卓越成長」，但只要出現「正常成長」（最高 10％）的跡象，股價就會開始下跌，如果該公司沒辦法恢復到雙位數成長，股價就很難再有起色。

這是標普 500 在過去幾十年持續走高的其中一個原因：標普 500 只納入美國前五百大收益最穩健的企業，它的成分股由委員會經過嚴格標準選定，一旦某檔成分股表現下滑、未達標準，就會被逐出名單，由其他更優秀的候選股取而代之。投資人對發展停滯的企業是毫無同理心的，如果收益如溜滑梯般下跌，股價甚至可以幾乎歸零。

2. 總體因素

雖然股票的最終方向是由其成長決定的，但成長的速度取決於總體因素。最重要的總體因素包括景氣衰退、地緣政治、戰爭、自然災害、利率，以及金融體系的系統性問題（例如 2008 年的金融危機）。這些因素推動著華爾街不斷運作。專業投資人會講述股市未來表現的故事，而那些敘述大多會以總體因素為基礎。下面是人們最常在媒體上接觸到的說法：

「快逃啊，景氣即將進入衰退！」

總有人警告衰退來勢洶洶，形容得比 1929 年經濟大蕭條更慘烈。最常見的說法不外乎全球成長放緩、政府債臺高築或美元開始疲軟。

「美國聯準會要升息了！」

聯準會的職責是支撐美國經濟，主要手段為調整聯邦基金利率，也就是銀行間借貸的基本利率，而這會進一步影響抵押貸款、車貸或信用卡利息。景氣不停浮動，聯準會必須視情況升降息。如果市場過熱，聯準會升息；如果市場冷清，聯準會則降息。

「地緣政治事件造成全球經濟開倒車！」

每一年，世界各地不停上演各種大事，例如戰爭、大流行病、貿易戰、自然災害、政黨輪替……但是股市運作依舊。

媒體總愛趁勢炒作、預言世界末日，這些的確會影響短期波動，但並不阻礙股市的長期成長。身為一位斯多葛投資人，你應該看透這些言論，不被牽著鼻子走。

3. 集體心理

投資人對其他市場參與者的心理情緒很敏感。景氣明朗時投資人總是貪婪，不斷推高價格，極限高如天際，而忘記了歷史的教訓。這是人之常情，沒有人喜歡在百花盛放的夏季掃興地思考萬物寂寥的冬季，卻總在冬季來臨時想著夏季似乎不會再來了。

長期來講，股市由先前提到的核心原則「收益」所推動，所以表現理性。但短期波動受投資人的集體心理影響，表現幾乎毫無邏輯。

投資人霍華・馬克斯（Howard Marks）自 1990 年開始寫下他廣受推崇的「投資備忘錄」，他將受集體心理影響的短期與中期股市行為比喻為鐘擺。

馬克斯在他的著作《掌握市場週期》（*Mastering the Market Cycle*）寫道：「在商業、金融和市場週期中，對上行的過度反應和對下行的必然（通常也是過度）反應都是心理鐘擺極端波動的結果。」廣大投資人的觀點不可能達

成平衡，所以市場不可能靜如止水，而是擺盪於恐懼和貪
婪兩個極端之間。

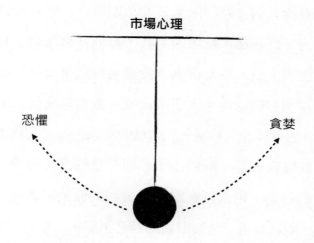

| 圖6 |　市場心理鐘擺。投資群眾的心理始終在恐懼和貪婪之間不
停擺盪，從不靜止。

　　投資的困難在於股價的擺盪經常不如大眾預期。舉例
來說，一檔股票可能在公司公布最新營收數字前上漲，因
為大眾的期待心理推高了價格。而公布實際營收之後，即
便數字亮眼，股價仍可能下跌。為什麼會如此？因為股市
運作會受兩個短期因素影響：預期和非預期事件。

　　當專業投資人預期某個事件將發生，他們的交易邏輯

會當作事件已經發生，而當事件確實發生時，專業投資人則脫手尋覓下一筆交易。這是造成許多短期波動的原因。另一個影響短期波動的因素是非預期事件。假設外界預期聯準會將升息一碼，結果卻出其不意地升息三碼，股市很有可能出現大跌。每當市場令投資人感到意外，都會看到兩種相當明顯的反應：大漲或大跌，方向取決於恐懼和貪婪情緒。當前景令人擔憂，股市就會走跌，反之則會上漲。

多數投資人不了解股市和心理情緒的交互影響，於是陷入羊群行為，別人賣就跟著賣，別人買就跟著買，最終發展成「買高賣低」這種財富絆腳石策略。

🚩 忽略故事，回歸根本

沒有哪個領域比金融產業充斥更多江湖騙子了。這些冒牌先知仗著一般投資人專業知識有限，就到處招搖撞騙。多數人初試投資時並不完全了解股市運作。這並不令人感到意外。在多數領域中，對產業的基本運作理解與否並不重要。一位妙手回春的醫生不必了解如何經營醫療保健體系，身為作家的我對出版業的歷史發展也一竅不通。然而股票投資並非這麼一回事，成功與否受到許多因素影響，投資體質健全的公司並不保證成果豐碩。你可能挖掘一間好公司、評估其內在價值、以低於內在價值的金額進場，最後卻在跌勢乍現時立刻嚇得全數脫手。

　　所以一般投資人和專業人士都必須重視股市的核心原則：**收益是長期關鍵，總體因素影響波動，集體心理搖擺於恐懼和貪婪之間。**

　　斯多葛主義者一般抱持這樣的處世原則：順應既有規則、模式和社會規範。他們的目標並不是改變世界的運作方式，而是改變自己的行為以保持理智。不論面對什麼阻礙，他們總是向自己的內心尋找解決之道。他們會問：「我如何改變自己的行為或心態來解決問題呢？」奧理略曾說：「不可避免地受環境所困時，當立即回歸自己，不要亂了陣腳。若能不斷回歸自己，將更能享受和諧。」

　　巴菲特完全掌握這種心態的精髓。他自律如僧侶般的生活模式眾所皆知：住得離公司近、每天花數小時閱讀並思考投資內容、只聘僱幾位員工，還有最重要的，依賴自己的股市知識，因此他能泰然面對短期波動和恐慌。2008年金融危機爆發、股市崩盤時，巴菲特在許多採訪中依然保持冷靜，甚至投書《紐約時報》（*The New York Times*）發表〈我在買美股〉（*Buy American. I Am.*）一文，他寫道：「我的買進規則很簡單：別人貪婪時恐懼，別人恐懼時貪婪。」他向所有投資人傳達了一個訊息：持續投資並且保持冷靜。

身為投資人，不論面臨什麼問題，逃避不是辦法，請回歸根本。理解核心原則恆久不變，不要成為情緒的俘虜，做出你的決定。

沉思片刻……

向前邁步吧，首先，努力保持一致性。

如果想知道是否已成就某事，

看看今日的渴望是否仍與昨日相同。

動搖不定的心靈如同汪洋小船，隨風轉向，

而穩定堅強的意志永遠不會迷失方向。

——塞內卡

　　回想那些如同無頭蒼蠅盲目栽進某件事的經驗吧。或許你只看一部 YouTube 影片就想學好游泳，又或者你試著創業，卻從沒接觸任何相關課程或書籍。

　　如果這樣開頭，你不會明白未來將遇到什麼狀況，成功機率必然大打折扣。更糟糕的情況是，當你分不清方向時，就容易受有心人士欺騙。

　　追尋目標時一定要先了解最重要的核心原則，以知識作為追尋的起點，盡可能多做研究。知道自己要往哪去，終點就不遠了。

章 節 重 點

◎ 投資活動乍看之下複雜又神祕，然而從宏觀的角度來
看，股市並非一團混亂，非理性現象只是短期和表面的。

◎ 股市建立於三個核心原則：收益、總體因素、集體心理。
短期股市高深莫測，長期股市其實有理可據。

◎ 謹記這三個核心原則。每天的股市事件很容易影響心
情，導致投資人忘了推動股市運作的真正機制，但謹記
這些原則後，就能泰然面對突如其來的波動。

第 6 章

有志者事竟成：投資是一種習慣

　　投資不是偶一為之的消遣，而是一種生活方式。當你視自己為一位投資人，目標就是增加淨值。重要的不是財富每天成長多少，而是每天都採取行動讓自己成長。只要持續投資自己，人生的方方面面都將得到回報，首先是個人生活和工作的進展，然後財富也將隨之而來。

▌華爾街第一位女性

　　1966 年 4 月 1 日，一位名為「G. Weiss」的神祕投資人發表了投資時事通訊《Investment Quality Trends》（簡稱 IQ Trends），為專業投資人提供投資見解和策略。1977 年，投資名人路易斯・魯凱澤（Louis Rukeyser）注意到這份時事通訊，並對訂閱者們長期享有出色的投資回報感到驚訝。

魯凱澤是電視節目《每週華爾街》（*Wall $treet Week with Louis Rukeyser*）的主持人，本身也是一位投資大家。在當時，聚焦於金融領域的報章媒體只有《華爾街日報》、《巴倫週刊》（*Barron's*）和這檔節目，所以對投資人而言，受邀上《每週華爾街》是件大事。節目會邀請在市場中獲利亮眼的個人或企業擔任客座來賓，而在一眾傑出人士當中，這位「G. Weiss」更是特別。當這位神祕投資人透過節目亮相，大眾才恍然大悟，原來「G. Weiss」是一位擁有四個孩子的五十歲媽媽潔拉爾丁‧魏絲（Geraldine Weiss）。魏絲是美國第一位嶄露光芒的女性投資人，並且獲得「紅利女王」的稱號。

魏絲之所以使用筆名，是因為 1960 年代的女性仍然受到社會打壓：如果沒有經過丈夫同意，銀行可以拒發信用卡給女性；通常懷孕即失業；甚至常春藤聯盟也只招收男學生。（耶魯和普林斯頓 1969 年才招收女學生，哈佛則要等到 1977 年。）不過對魏絲而言，和她年幼時相比，整個社會對女性的態度已經友善許多了。

魏絲於 1926 年出生在舊金山一個猶太家庭，戰爭以及反猶情緒帶來的恐懼壟罩著她的青少年時期。隨著這股反猶情緒持續升溫，1939 年爆發了第二次世界大戰，她的猶太人身分與「危險」畫上了等號。她的父親經歷過無數歧視，因此在魏絲中學時，他決定把家族姓氏由 Schmulowitz 改為 Small。

魏絲記得自己曾以原本的姓氏參選校內幹部，最後敗選而歸，隔年她改姓之後再次參選就獲選了。這件事情成為一場殘忍卻重要的人生教訓，讓她明白自己所背負的姓氏如何形塑人們對她的印象。

高中畢業後，魏絲決定攻讀加州大學柏克萊分校的商業與金融學位，課餘時間就跑到公共圖書館沉浸在投資相關書籍，漸漸從書頁中找到了天職。

「讀了這麼多書，」魏絲後來分享，「班傑明・葛拉漢以及他的著作《證券分析》和《智慧型股票投資人》超越其他書籍，真正影響了我。我這才明白，長期而言，價值對價格的影響大於任何其他因素。」

魏絲在大學期間認識了她的丈夫，1945 年畢業後，她沒有立刻追求事業，反而決定投身家庭，和她年輕的海軍軍官丈夫共築未來。魏絲希望能在金融領域工作，賺取自己的收入，但她不得不當家庭主婦。「當時女性的人生目標就是結婚。」魏絲說。

1962 年，三十六歲的魏絲終於準備好要踏上金融之路。但是她糾結不已。她後來回想起自己對於詢問丈夫能不能拿些錢去買股票感到猶豫，一來他們沒有太多閒錢，二來金融世界對她而言簡直是一團迷霧。

外行人看熱鬧是一回事，想看懂華爾街的內行門道又是另一回事。在當時，華爾街是白人男性主宰的圈子，不歡迎外來者；社會大眾則認為女性不該和金融世界扯上邊。魏絲毫無投資經驗，但無論如何都要跨出第一步。

「我們收支打平，沒有多餘的錢，所以我很害怕去投資，怕賠掉家裡所有存款。」魏絲說。幸好她的丈夫全力支持。後來古巴飛彈危機爆發，股市下跌，魏絲看到了機會。當所有投資人驚慌失措地大量撤場時，魏絲則看準時機出手。最終危機解除，股市反彈，她在短時間內獲得豐碩的回報。

　　「當一家體質良好的公司不論出於什麼原因暫時不受投資圈青睞時，就是最好的進場時機，」魏絲後來反思，「好公司發生壞事情的時候，我們應該把它視為買進好時機，而非倉皇退場。」

　　雖然魏絲的個人投資績效有所增長，她卻長達四年找不到專業投資人的工作。她到證券商和其他華爾街的公司應徵，不是被嘲笑聲逐出門，就是只獲得她不願接受的祕書職位。

　　多年求職碰壁之後，魏絲明白她永遠無法靠傳統方式擠進由男性主宰的投資世界。她拒絕當祕書「從基層做起」，因為如此一來沒有任何人會尊重她的見解。

　　1966 年，四十歲的魏絲和其他人共同創辦了《IQ Trends》。當時還不存在 ETF 或指數基金等被動投資工具，如果想投資股票，只能購買公司的股份，而這個方式很難建立長期財富。那麼，要如何知道該買哪一檔股票呢？

　　在沒有網路的年代，許多投資人的決策依據只有親朋好友的意見交流和諸如《華爾街日報》或《巴倫週刊》等報刊。1960 年代，因為人人都想知道更多訣竅，郵寄到府的投資時事通訊變得大受歡迎。

　　《IQ Trends》在這樣的背景下適逢其會，魏絲成為美國第一位成功建立投資顧問服務的女性。由於這仍是個男性主宰的領域，所以魏絲一開始和她的合夥人佛瑞德・惠特摩爾（Fred Whitmore）合作創刊。他們發出第一期時事通訊時，魏絲和惠特摩爾各自在一半數量的刊物上署名。最後，佛瑞德・惠特摩爾的時事通訊得到讀者大量回應，潔拉爾丁・魏絲的回應數量則天差地遠。2006 年《IQ Trends》創刊四十週年版當中，魏絲回憶道：「我永遠不會忘記我署名的一份文宣品收到的回應，『我無法想像自己聽取一位女性的投資建議，除非妳的建議來自一位男性』，這封回應在我的辦公室牆上貼了好幾年。」

　　這讓魏絲了解到，即便是一般投資人也抱持著刻板印象。她想起中學時候的教訓：印象很重要。於是她做了一個微小卻深遠的改變，把全名「Geraldine Weiss」改為縮寫「G. Weiss」，讀者回應這才開始湧入。

　　一年內，魏絲買下了惠特摩爾的股份，開始獨立經營時事通訊。她持續研究市場，為讀者提供深受歡迎的優質見解。自 1986 年到 2022 年這幾十年來，《IQ Trends》的投資建議創造令人驚豔的 11.8％年化報酬率。換句話說，如果讀者在 1986 年投入 1,000 美元，並持續遵從《IQ Trends》的投資建議，2022 年這筆本金將增長為 55,450.43 美元。

　　《IQ Trends》在第一個十年創造豐碩的獲利之後，神祕的「G. Weiss」終於在《每週華爾街》上揭露廬山真面目，許多讀者大吃一驚，他們做夢也想不到那些寶貴的見解竟然來自一位女性。不過長久以來收穫了這麼多成果，許多讀者其實不在意這位投資良師的性別。真實的獲利已經為「G. Weiss」的實力代言了。

讓過程變簡單，培養投資好習慣

　　重複做某件事情就會養成習慣。愛比克泰德說：「每種習慣和能力都是由相應的行動來維持和累積的。健走的習慣由健走維持，跑步的習慣由跑步維持……總而言之，如果想建立習慣，做就是了！」

　　假設你希望培養健走的習慣，那麼不論晴雨、不論閒忙，你每天都要健走。天氣不好時，你可以在家或上健身房踩踩踏步機。**持續執行同一件事就能養成習慣**。然而大多數人都沒有投資習慣，只在景氣明朗時參一腳。好巧不巧，每隔幾年總會出現看似完美的投資環境：股價上漲，利率偏低，沒有經濟衰退的跡象。

　　只想在景氣明朗時投資，就好比一個人說「我只在氣溫二十九度且無風無雲的日子出門健走」。如果你住在美國東岸，很可能一年只會健走一次。

　　大多數人無法持之以恆，這就是問題所在。即使擁有全世界最完美的策略，買了全世界最具潛力的股票，如果只投入一次是無法豐收任何碩果的。養成投資習慣才能累積更多財富。

　　建立習慣最好的方式，是讓行動變得簡單，簡單到不可能做不到。這一點，我們可以向最講究習慣的斯多葛哲學家莫索尼烏斯・魯弗斯學習。莫索尼烏斯的父親卡比托（Capito）屬於富有的騎士階級，在古羅馬社會裡的地位僅次於皇帝和元老階級。

在當時，政治絕對是取得財富和權力的手段，但莫索尼烏斯並未跟隨父親追逐政治，而是將大半人生投入哲學教育。

講到習慣養成，莫索尼烏斯強調重複實踐的重要性，他寫道：「了解理論怎麼會比根據引導實踐理論更好呢？了解理論雖能使人言說，實踐才能使人行動。」

致富也是相同道理。理論雖然重要，但只有行動，或更確切地說是行動的習慣，才能真正帶來財富。在此歸納出兩個斯多葛持之以恆的法則，協助你培養投資習慣。

法則 1：從「小」做起

魏絲初涉投資時只拿出一小部分存款，沒有到處向親朋好友周轉。很多人以為「有錢才能生錢」的意思是「有大錢才能生錢」，也就是只有投入大量資金才能致富。實際上並非如此。投資的真義是把一小筆錢變成一大筆錢。投資不是目標、活動或任務，而是習慣，是你規律執行的事情，就如同你健身、冥想、閱讀或任何投入時間以得到成果的活動那樣。

如果你剛起步，可以每個月固定投入 50 美元購買標普
500 ETF，慢慢熟悉投資是怎麼一回事。你不需要單次投入
大筆資金購買整股，現在大多數證券商都能定額買進碎股。
即使你賺了很多錢，生活也很簡單，從小額投資開始適應
股市波動，依然是個明智的選擇。

如果你是經驗豐富的選股或操盤老手，可以在休息一
段時間或表現不如預期之後以小額捲土重來，建立比較小
的倉位，贏得一些小佳績。

愛比克泰德也是這樣建議新門徒的。他認為斯多葛心
態不是一蹴可幾，應該從小事慢慢培養起，例如斯多葛泰
然的心態可以這麼練習：你很愛惜你的瓷杯，但某天杯子
破了，而你的心情不會受影響，因為陶瓷本來就是會摔壞
的材質。接下來試著把這個想法套用到更珍貴的事物，最
終延伸到所有事物。

我最初練習斯多葛心態時便是採用這個方法，從瑣碎
小事逐漸延伸到重要大事。每次心情受影響，我就會提醒
自己：「有什麼大不了的？這只是（自行填入空白）。」

舉例來說，最喜愛的上衣弄髒時，我告訴自己「這只

是件上衣」。剛買兩週的新餐桌損壞時，我說「這只是張桌子」。車子輕微擦撞，我提醒自己「這只是輛車」。我的腳受傷時，我心想「這只是我的腳」。

即便比較要緊的事情，例如在巴塞隆納旅行途中生病時，我說「這只是趟旅行」。甚至在 2018 年第四季，由於預期政策緊縮、經濟放緩和逐漸升溫的美中貿易戰，造成標普 500 指數下跌 15％時，我也告訴自己「這只是個短期下跌」。

如果沒有從瑣事練習，我永遠沒辦法在 2018 年打從心底說出那句話。培養習慣和建立新觀念都需要時間，踏出一小步慢慢累積絕對是最理想的長久之計。我在 2008 年放棄投資的其中一個原因，就是我前一年幾乎把全數積蓄投進股市，沒有從「小」開始。不論你對一項投資策略有多大信心（即便是本書提出的策略），如果一開始就孤注一擲，注定會走向慘敗。更為理想的方式是從小額起步，檢視自己如何回應波動，並且訓練耐心。**好好過生活，緩慢而穩定地持續增加你的投資。**

法則 2：習慣成自然

避免生活中的決定受到外在因素影響，就可以確保事情如期執行。魏絲創辦《IQ Trends》時向訂閱者承諾每月發行兩期，這種承諾排除了主觀判斷，可以抵銷無數其他決定。不論景氣市場或個人生活如何變動，魏絲始終如一，每月發行兩期《IQ Trends》，這頻率至今依舊。

你對多少事情只有三分鐘熱度，最後宣告放棄呢？半途而廢幾乎和失敗畫上等號，而放棄實在太容易了。每個人肩負各種責任、工作，還有需要我們照顧的人，追尋目標的路途上總有太多阻礙。現在就停止找藉口，堅持到底吧！我從 2015 年開始寫電子報時，許諾盡可能每週發布兩篇，最後維持了將近三年，訂閱人數從零到破五萬。後來我改變發布時程，但仍每週推出新內容。如果不堅持既定的行程表，我就沒理由每週寫作了。透過公開承諾電子報發布時間，我讓寫作變得自然而然，不論我再怎麼疲憊或忙碌，電子報都必須定期上架。

股市中最大的敵人通常是自己的情緒和判斷。當市場看多、利率低，你甘願擔起超過負荷所及的風險，而當一

切灰暗無光，你急迫迴避所有風險。讓理財變得自然而然，
就能排除這些情緒因素。事情沒有想像中困難，你可以為
自己設定一些小目標：

- 我每個月投資 500 美元在標普 500 ETF。我可以在
  401(k)[3]、IRA[4] 或其他帳戶中自動設定這筆投資。
- 我接下來半年不買新衣服、新用品或其他奢侈品。

不論時機好壞，務必長期朝著這些小目標前進。設定
好每月投資金額之後，就不要因為市場漲跌而改變。你可
以衡量自身情況調整目標，設定負擔範圍內的額度，例如
薪水提升就投入更多，但不要隨著市場改變目標。

我的投資箴言是「每月投入負擔得起的金額」。千萬
不要設定會讓自己難以生活的金額。我將在最後一部分〈斯
多葛投資法〉討論投資金額和方式。

許多人以為理財等於使用記帳應用程式，每天嚴格控

3 美國的常見退休帳戶，由雇主每月提撥一定薪資比例至員工的個人退休金帳戶。
4 美國的常見退休帳戶，但 IRA 屬於個人退休金帳戶，與公司無關。相關詳細內容
  可以參考第 13 章。

管每筆收支。這不是斯多葛的處世原則。斯多葛主義認為，
人們只該為一個理由去做每一件事：最大化生活的平靜和
快樂。

　　誠如莫索尼烏斯所言：「成為良善之人的唯一理由，
就是為了快樂，並在此後過著幸福的生活。」同樣地，儲
蓄和投資的唯一理由，是為了快樂和自由。每當你意識到
自己的理財活動變成快樂的絆腳石，就要重新反思。儲蓄
和投資應該自然而然，而只有簡單的事物是自然而然的。

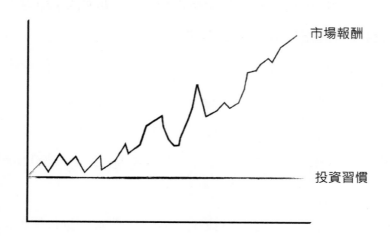

│ 圖 7 │ 習慣穩定不變，市場則否。專注在可以控制的事物（自己
　　　　的行為），就能保證不論市場好壞持續投資。

沉思片刻……

放棄哲學與中斷哲學沒有太大的差別。

中斷的哲學如同膨脹後爆裂的物品，

因為失去了持續性而回到原點。

——塞內卡

　　一旦放棄投資，就很難重新再來過。正如塞內卡所說，缺乏持續性會讓人落回舊有模式。

　　因此，持之以恆比什麼都重要。投資時要思考如何長期取勝。身為一位斯多葛投資人，你的第一個問題不是：「如何產生更多回報？」

　　你應該問：「如何確保自己能持續投資？」持續進行小額投資，將比偶爾投入大筆資金累積更多財富。

章 節 重 點

◉ 投資是一種習慣，不是一次性的任務或活動。現在開始
改變觀念，將投資視為生活習慣，如此一來你就能輕鬆
開始累積真正的財富。

◉ 和所有習慣一樣，持之以恆是關鍵。下定決心成為堅定
的投資人，挑選可以長期執行的策略。

◉ 從「小」做起。投資新手適合的長久之計是從小額開始，
即使你存款充裕也建議從小額起步，以適應市場波動。

◉ 設定每月負擔得起的投資金額。身為一位斯多葛投資
人，記得專注於你可以掌控、最重要的事情，那就是投
資金額。市場行為不在我們的掌控之中，所以不必浪費
精力關注。

原則二

接受虧損

若想自我提升，則應甘於被視為對外在事物愚笨無知。

——愛比克泰德

第 7 章

不把短期損失放在心上

　　害怕損失是人之常情，許多人正因為這股恐懼，從未踏出投資的第一步。斯多葛主義者和成功的投資人另有一番看法，他們將損失視為投資過程中不可避免的短暫經歷。如果我們能效仿這樣的心態，不把偶爾發生的短期損失放在心上，就能堅守投資策略，進而確保長期取勝。對金錢和人生如此轉念，了解有些損失只是累積財富時短暫的必經過程，能讓人在未來更有信心。

▶ 賭一個美好未來

　　1955 年，凱薩琳・伍德生於美國一個愛爾蘭移民家庭，當時所處的環境讓他們家必須從零開始建立生活。「我要讀大學時整個人惴惴不安，」伍德回憶道，「我是長女，必須承接家裡的責任，而我總以憂慮來面對這份責任。」對第一代移民而言，這股焦慮感並不稀奇，尤其在充滿不確定性的 1970 年代更是如此。

當時通膨和失業率雙雙居高不下，伍德家經濟窘迫，所以伍德大學時必須在超商和餐廳打工，自己賺取學費。她後來回憶道，「我原本以為自己會讀地質科學、天文或工程。」但她父親鼓勵她朝經濟學發展，她最終也認為這門知識可以換來生活上實質的經濟穩定。

伍德在南加州大學就讀期間，她的導師阿瑟．拉弗（Arthur Laffer）不僅點燃了她對經濟學的興趣，更鼓勵她選修碩士班的課程。1977 年，伍德在拉弗教授的引薦下獲得第一份工作：在資本集團（Capital Group）實習。資本集團著眼於長遠的願景和研究，伍德的工作內容必須預測香港未來二十年的光景，而這讓她大開眼界，徹底翻轉世界觀。「這份能瞻望未來的工作讓我著了迷，我心想『太棒了，這就是我想做的事情』。」

伍德還沒畢業就從實習轉為正職，擔任助理經濟分析師。1981 年，她以最優異的成績獲得金融和經濟學士學位。

伍德後來搬到紐約，轉職 Jennison Associates 擔任資產經理人。在接下來長達十八年的職涯，她一步步升遷，成為首席經濟分析師和常務董事，直到 1998 年決定和 Jennison Associates 的前同事王周露露（Lulu Wang）共同創立對沖基金 Tupelo Capital。當時正值 1990 年代晚期的網路泡沫，大眾注意到網際網路產業的成長之後一窩蜂投機，網際網路公司股價快速飆漲，在 2000 年達到頂峰後一夕化為烏有。

這場泡沫幾乎重創所有成長型投資人和資產管理機構，Tupelo 也沒能倖免。根據 Tupelo 向美國證券交易委員會提交的資料，公司在 2000 年第一季的資產管理規模大約 13 億美元，到了 2001 年初竟然只剩 2 億美元，損失了 85％。同年，伍德離開 Tupelo，加入全球資產管理公司聯博（AllianceBernstein）。

伍德在工作上管理各種基金，她對具破壞式創新的科技公司情有獨鍾，卻又了解自己的著力範圍有限，不太能夠長期投資真正具前瞻性的專案。聯博這樣的大型資產管理公司主要有兩大目標：首先，他們受客戶委託，因此在法律和道德上都必須將客戶利益擺在第一位；與此同時，資產管理公司是以提升收益為宗旨的營利組織。這兩大目標互相權衡之下，往往會出現側重短利的傾向，而這與伍德的投資理念相牴觸。

2012 年，伍德認為可以透過即將向大眾廣泛開放的 ETF，投資具破壞性創新的科技公司。這類產業的股票通常沒辦法在短期內（一至兩年）獲得回報，因此當伍德提議投資有潛力在五年內獲得正回報的公司時，果然遭到拒絕。

兩年後，伍德決定追求自己堅持的路線，在 2014 年成立資產管理公司方舟投資（ARK Invest），主要關注人工智慧、基因編輯、機器人、加密貨幣等新興領域的新創公司。許多傳統經理人之所以對新創和新興產業敬而遠之，是因為投資失敗率相當高。根據那斯達克交易所（NASDAQ，許多大型科技公司在此掛牌上市）分析，80％的上市公司從未轉虧為盈。

伍德成立方舟之後，每天透過網站和電子郵件向訂閱會員公開交易內容。方舟這種透明度與主要對沖基金形成鮮明對比，後者只在每個季度末才向美國證券交易委員會公布持股。透過這項策略，伍德實現了她投資的許多公司的目標，也就是提升傳統產業的透明度。

　　為了避免競爭對手搶得先機或唱空持股，對沖基金大多保密到家。許多投資人也是如此，他們害怕如果有別人跟進，自己的投資策略會不管用。方舟反其道而行，認為愈多人享有資訊愈好。

　　如同伍德預期，她的策略沒有辦法立即獲得回報。2016 年，也就是方舟成立兩年後，方舟的主要基金產品創新 ETF（ARKK）報酬率為 −2%。相較之下，當年標普 500 上漲 12%，形成 14% 的差距。

　　公司表現黯淡，似乎沒有任何人信任伍德的投資眼光，她必須主動接洽許多企業，希望吸引更多資金。她甚至簽了一份合約，讓分銷商能買走她的控制股權。這讓伍德的經營權危在旦夕。如果分銷商決定買斷她的控制股權，等於她一手建立的公司將面臨惡意收購的風險。但她選擇承擔風險以籌措資金。截至 2016 年底，她已經自掏腰包，砸超過 500 萬美元進基金，就是為了讓方舟能順利經營下去。儘管此時的方舟表現差強人意，但伍德相信自己方向正確。

2017 年，方舟的主要基金漲幅超過 87％，2018 年收穫 3.5％報酬率，2019 年再持動能，報酬率衝上 35％。

伍德在 2020 年締造超過 152％的報酬率，交出一份亮眼的成績單，相較之下，標普 500 當年報酬率只有「少少的」18％。伍德遙遙領先市場，終於獲得媒體大眾青睞，基金從 2016 年區區幾百萬美元增加至 2020 年的 36 億美元，加上媒體爭相報導，方舟的規模和知名度扶搖直上。2021 年初，方舟的資產管理規模為 500 億美元，即便 2022 年開始深陷熊市，市場下跌超過 20％，投資人仍然絡繹不絕找上門，伍德不再需要為資金到處奔波了。

2022 年，隨著科技股跌勢不斷，伍德的批評者開始預測她的基金終將消失。雖然那年方舟的主要基金下跌 67％，她仍然堅守一貫的策略。在 2022 年 12 月的一則推特中，伍德告訴她的投資人方舟「是犧牲短期獲利能力，以換取更驚豔、更有利的長期成長」。從大學實習開始，她就擁有長遠的投資眼光，不被市場的劇烈波動左右。

🚩 三個方法從容面對虧損

　　伍德偏愛創新產業，其中重押特斯拉（Tesla）就是她最為人所知的投資案例。2018 年特斯拉股價重挫，距離破產只剩一個月。

　　當時特斯拉每股約 22 美元，伍德卻大膽斷言未來五年會飆漲到約 260 美元，漲幅 1,200％。一年後，特斯拉下跌41％，許多人因此對伍德失去信心。但在 2021 年 1 月，特斯拉比伍德預言的早兩年衝到每股 408 美元，漲幅 1,900％。

　　每當伍德的基金或選股出現頹勢，媒體都會強調方舟多麼無能或質疑她的策略，但伍德懂得不讓短期損失或大眾輿論影響長期方針。

　　在股市遭遇虧損，我們自然會提高戒心，想著別讓這種事情再次發生，如同小孩第一次碰火，然後學會謹慎，避免燙傷。但如果想累積長期財富，我們就得克服這種自然反應。

　　我們不必像伍德一樣選擇承擔龐大風險，但務必要適應市場起伏。基本上，股市每年都會經歷多次所謂「漲多拉回」（5%～10%跌幅）或「修正」（10%～20%跌幅）。
斯多葛投資人必須處之泰然，接受這類自然現象造成的損
失。我們要看到這些自然波動的本質只不過是短期失利，
沒有好壞之別。

　　最糟糕的情況是讓過去的虧損影響你的決策。守護財
富並避免不必要的錯誤固然正確，但如果因為害怕賠錢而
拒投資於門外，絕對不是最理想的選擇。投資長期來看從
未失誤的標普 500 尤其如此，急著撤場才會造成永久損失。

　　如果要克服短期損失帶來的挫折感，必須培養接受短
暫挫敗的能力。這只需要自我覺察並建立心理信號，在忍
不住衝動行事之前提醒自己重拾斯多葛心態。以下有三個
方法能協助你增加心理韌性，更從容地面對挫折。

1. 把情緒藏好

　　馬可・奧理略在《沉思錄》當中分享了他從先賢們學
到的智慧，其中一位便是他的養父、西元二世紀羅馬帝國
五賢帝之一的安敦尼・畢尤（Antoninus Pius），他在近二
十三年的統治生涯中一貫擁護和平，從未部署軍隊。

對於養父，奧理略寫道：「他從來沒有表現過粗魯、失控或訴諸暴力。沒有人見過他驚慌失措的模樣。一切都應當以合乎邏輯、經過周延考慮、冷靜、有序且果斷的方式處理，沒有任何延宕待決的事情。」

安敦尼·畢尤樹立了很好的生活典範，我們必須學會冷靜和克制，尤其在他人面前更是如此。當我們為自己的行為設定較高的標準時，我們往往更會遵守。這是人類的特質。我們在獨處或與家人相處時的表現，經常和與陌生人或點頭之交來往時不同。在外人面前節制有禮的人，私底下也可能蠻橫無理。在斯多葛主義者看來，這不是正確的處世原則，我們應該以一致的態度面對各種情況。

舉例來說，我們通常能原諒外人的小過錯，在職場上展現更多寬容。同事打翻咖啡在桌上，你會說沒關係，但回家後另一半犯同樣的事，你卻會大翻白眼或惡言相向。斯多葛追求以一致的態度面對各種情況。如果你不計較同事打翻咖啡，就要以相同態度對待另一半或家人。當你將這種行為延伸，就可以開始練習冷靜以對，不讓其他人看到你為芝麻綠豆般小事亂了陣腳。

　　想像一下，當下次市場低迷時，別人問你：「你對這次熊市有什麼看法？你賠了多少錢？」在腦中或日記裡模擬一遍對話，回答：「賠了幾千元吧，但這只是暫時的，標普 500 總能谷底反彈，而且我沒有投資高風險資產，這次熊市沒什麼好擔心或驚訝的。」

　　沒什麼大不了，這些都是小事。「現在認賠殺出至少心裡好過點」，會這麼想是人之常情，但不是最佳解答。學習伍德的應對方式吧。

　　她在市場修正期間接受的訪問中展現出了沉著冷靜，對外界變動毫不在意，彷彿所有事情都在掌控之中。但老實說，她的內心可能跟任何一位投資人一樣煎熬。無論是損失 10 億美元的伍德，還是損失 100 元的你，內心都會感到失落。

　　不過，只要你宣稱一切順利如常，你自己也會開始相信。持續這樣理性看待標普 500 的短期下跌，你將漸漸能夠從容面對投資路途的顛簸。

2. 冷靜旁觀股市崩盤

　　塞內卡在寫給好友盧基里烏斯的一封書信中，分享某一天他太晚去麵包店，麵包已經賣光了。「麵包師傅沒有麵包能賣我了，但執達員、門衛和房客都有。人們說：『這麵包真難吃！』」塞內卡提到，有麵包的人很快就會抱怨，因為他們根本不餓，所以不會珍惜手中的麵包。「靜靜等待就會變好。飢餓將使麵包更加鬆軟可口，所以應該等待飢餓主動呼喚再享用麵包。我應該靜靜等待一塊好麵包，停止覷覦壞麵包。一個人必須習慣擁有得少；即便是最富有、做好萬全準備的人，也會因為時空挑戰而面臨阻礙，干擾他們獲得渴望的事物。」

　　回顧歷史紀錄，標普 500 在五到六成的交易日都收漲，所以你在任何一天打開股票交易帳戶，更可能看到自己的投資標的上漲。股市在一年當中大多向上攀升，蓬勃的牛市期間更是如此，讓我們逐漸習以為常。

　　但如同塞內卡說的，人也必須習慣一些逆境。如果一切順風順水，人就容易被挫折擊倒。飽足的人不會滿足於普通的麵包，但相同的麵包對挨餓的人而言如同珍饌。

投資也一樣，長期習慣了漲勢就難以承受下跌，但假如你口袋空空，你會怎麼想？一定是接受任何一分一毫。正如塞內卡提醒盧基里烏斯，生活中的一切，皆取決於看待事物的角度，我們可以提醒自己，在長期策略中經歷虧損不全然是壞事。資產沒有歸零，你還有收入，沒落得窮困潦倒。帳面上看來確實比昨天退步了些，但是別忘了，你還不至於挨餓受凍。這就是市場出現跌勢時仍能保持沉著的關鍵心態。

2008 年金融海嘯或 2020 年新冠疫情造成的金融恐慌期間，媒體不時出現諸如「道瓊重挫 3,000 點，創下自 1929 年以來最糟表現」的頭條。即使最胸有成竹的投資人也不免被這類聳動標題嚇到。然而，愚昧行事是最糟糕的應對方式。你可能因為鋪天蓋地的負面新聞急著想打退堂鼓，但斯多葛投資人明白這種情勢沒什麼好擔心的。

為了導致短暫失利的全球性事件而改變自己的策略毫無意義。這不是「會不會」發生的問題，這類重創橫豎都會發生，而且在我們有生之年會發生很多次。如果你已經長期投資三十年，並且累積了不少財富，這類衝擊會更加明顯。那麼，當你在一天之內虧損 30 萬美元時該怎麼做？
兩手一攤，什麼都不做。

　　練習當個斯多葛投資人，總是**客觀看待事物**。這樣一
來，你的恐懼將被一掃而空。你的投資策略不該被動搖。
畢竟，你的責任不是預測市場趨勢。

　　下一次恐慌發生時，記得想起塞內卡的啟示。我們習
慣股市大部分時間都上漲，不習慣挫折。但你沒淪落到一
無所有，肯定也不是靠投資過日子，所以冷靜旁觀就好。

3. 能力許可時多投資

　　想像一下，股市已經連續下跌三個月，損失了 15％資
產的你仍然沉著冷靜，並且察覺市場比三個月前更低迷。
再想像一下，如果你平時使用的牙膏品牌正在打折，你一
定會趁機撿便宜，多買一些存著以後用，對吧？這個道理
也適用於長期投資人，當資產打折時，意味著能用更便宜
的價格買進。

　　但記得別超過了自己的能力範圍。大概沒有人會向別
人借錢，只為了買特價牙膏，大不了等下個月經濟狀況允

許，再以原價購買就好。

當凱薩琳·伍德的持股無故下跌（成長股經常如此），她如果有多餘資本就加倉買進。舉例來說，2022 年和 2023 年，特斯拉和 Coinbase[5] 這兩支股票皆呈現下跌趨勢，但是她到 2023 年初才分別對兩者加碼 4,200 萬和 2,200 萬美元。伍德並不會在每次股價回落時出手，而是只在有多餘資本時，才把握機會低價買進更多股票。

當標普 500 跌落超過 10％時，如果你的經濟狀況允許，則不失為一個買進時機，遇到大約四年一次的熊市（市場下跌超過 20％）時，也不妨善用這個策略。

如果投資的是個股，請務必當心，不要選到「掉落的刀子」，也就是反彈跡象不明的大跳水股票。許多成長股（不屬於標普 500 成分股）會如自由落體般急轉直下，逢低買入這類股票就不是明智的決策。

如果你願意承擔風險，至少要遵守「90／10 投機法則」。這是我希望盡量減少損失而提出的法則。我將在第 15 章深入解釋這個概念。簡單來說，就是把 90％的資本放

5　美國加密貨幣交易所。

入諸如標普 500 的 ETF，把剩下 10％資本放入較具投機性的項目。如此一來即便你的選股表現不如預期，你也比較不會受到衝擊。

　　不論你的投資風格是主動或被動都要記得，市場下跌時抓緊良機以「打折價」多買進。「多」是多少？如果想要以更快的速度累積財富，就在能力範圍內盡可能投入更多錢。

　　假設你習慣在每個月第一天進行交易，而二十天後市場已經下滑 16％，顯然是個追加好時機；與此同時，你還考慮拿現有資金買一台電視。如果要在消費產品和市場回調之間分配資金，務必選後者。想要但非立即需要的產品仍會在架上等著你，市場則不等人。

> 沉思片刻……
>
> 靈魂在困境中磨練勇氣，
>
> 在克制享樂中磨練自制力。
>
> ──莫索尼烏斯・魯弗斯

　　想像你有一大筆資產放在股市中，四天前總值仍達 35 萬美元。但接下來，市場因為衰退威脅開始下跌，第一天跌 4%、第二天 2%、第三天 1.5%，第四天跌了 5%。

　　這不是天方夜譚，股市確實曾在一週內驟降 12.5%。現在，你在四天內蒸發將近 5 萬美元，資產剩下 30 萬美元左右，你的感受如何？對不少人來說，5 萬美元等於一整年收入啊！請經常在腦中模擬這類情境，尤其在牛市期間，思考你會有什麼感受，又打算如何應對。居安思危能夠減輕痛苦，這些心理訓練能幫助你做好準備，以應對真正的損失。

章 節 重 點

◎ 害怕損失是人之常情，然而一旦被恐懼吞噬並停止投資，就等於關上了累積財富的大門。

◎ 懂得泰然面對損失將讓你更富有。虧損時也不要停止投資，光憑「持續」就保證能從市場長期上升趨勢中獲利。

◎ 人生長路漫漫，虧損是必經過程。嘗試閃避虧損只是徒勞無功，不如放下執念，學習與虧損共存。

◎ 經歷短期失利時別讓他人看見你亂了陣腳。保持沉著，直到這項特質真正成為你的一部分。

◎ 靜觀其變，別在股市下跌第一天就臣服於撤場的衝動。市場大多會在幾天內反彈，如果跌勢未停則考慮加倉。

◎ 如果能力允許，下跌超過 10% 時可以追加買進，別讓多餘的資金在銀行帳戶裡沉睡。

第 8 章
避免血本無歸

隨著財富開始增加，承擔更大風險以換取更高回報可能很誘人。然而，過度關注潛在回報很可能導致永久虧損，最後一切化為烏有。為了保障累積中的資產並推動未來持續成長，務必遠離無法挽回的重大虧損。對導致財務危機最常見的原因有所認識，了解潛在危險其實遠大於潛在回報，你將能避免不必要的風險。避免虧損是財富持續增長的關鍵。

賭神數學家

每個去過賭場的人都知道，莊家永遠是戰勝的一方，所以絕大多數人去拉斯維加斯純粹為了玩樂，而非大賺一筆。然而，數學家愛德華・索普卻把賭場視為發財聖地。

愛德華・索普出生於 1932 年，並且在 1958 年取得加州大學洛杉磯分校數學博士學位。畢業後到 1961 年間，他在麻省理工學院工作，並與「資訊理論之父」克勞德・夏農（Claude Shannon）共事；夏農的數學理論為今日涵蓋整個地球的電子通訊網路奠定了重要基礎。

基於這些學術背景，不難理解索普會把任何事情當作數學公式般拆解。對他而言，撲克牌遊戲「二十一點」不是靠運氣取勝的遊戲，而是可以征服的數學問題。

1961 年，索普在一篇名為〈二十一點常勝策略〉（*A Favorable Strategy for 21*）的同儕審查學術期刊文章中，大膽地分享這個想法，引來全國新聞媒體爭相報導。可想而知，賭場業者肯定對此嗤之以鼻。索普記得一位賭場發言人在電視節目中公開嘲諷他的理論時這麼說道：「一隻羔羊被送到屠宰場時，也許會攻擊屠夫，置他於死地，但我們總押注屠夫會贏。」

一位多金賭客聽說了索普的理論後，提供了 1 萬美元給索普去雷諾（Reno）[6] 橫掃賭場，希望能順便學個幾招。索普最終歸還了 1 萬美元後，還淨賺 1.1 萬美元，比當初的本金多了一倍。

索普琢磨他的這套策略，在 1966 年出版《擊敗莊家》（*Beat the Dealer*），告訴世人他如何不靠作弊，憑實力征服牌桌。《擊敗莊家》一夕成為暢銷書，在全美國掀起二十一點熱潮。大眾非常欣賞索普能實踐理論並因此獲利。這段經驗讓索普學到重要的一課：如果你在賭局中擁有優勢，只要堅持夠久就能勝利。

即便索普輸了一局，損失數目與他贏得的錢相比也只是九牛一毛。他不像其他散漫、酗酒又情緒失控的賭徒那樣輸得精光。當機率站在他這一邊時，他放手一搏，反之則保守應對。他的目標是帶著超過一年薪水的戰績回家。

「我只在內心有把握時押注，不在還沒準備好前貿然進攻，這讓我能夠冷靜準確地驗證自己的策略。」索普反思道。

《擊敗莊家》出版之後，越來越多人學會怎麼算牌，

6　與拉斯維加斯同在美國內華達州的博弈大城。

賭場紛紛改變規則，採用多副牌玩二十一點，藉此讓索普的算牌優勢不再管用。漸漸地，賭場甚至開始嚴懲算牌的賭客。

　　索普知道他的二十一點風光日子已盡，因此毅然離開拉斯維加斯，前往他所謂「全球最大的賭場」華爾街，把理論驗證工具從撲克牌換成股票。1969 年他中斷學術生涯，和證券經理人合組普林斯頓新港合夥公司（Princeton Newport Partners）經營對沖基金。

　　索普購買的第一支股票，是為福特等大廠製造汽車電池的 Electric Autolite。他在新聞中看到了對該公司的正面評價，因此決定用部分二十一點贏來的錢和書籍銷售收入購買股票。他以每股 40 美元的價格買進 100 股，然後眼睜睜看著股價在兩年內腰斬至 20 美元。

　　4,000 美元的投資蒸發一半，索普如同堅持賭到扳平局面的賠本賭客，一直持有該支股票，直到它回到原來的價格。Electric Autolite 最終花了四年才攀升到索普最初買進的價格。另一方面，標普 500 在這段期間有更好的報酬率，索普意識到自己根本沒成為贏家。他這四年只回收了原有的資金，而標普 500 卻在同一時間（1969 年至 1973 年）上漲了 16％。

索普經常和妻子薇薇安討論自己的事業，他問她：「我做錯了什麼？」薇薇安直截了當地說，他在玩一個自己根本不了解的遊戲。她說的沒錯，索普確實還不太熟悉華爾街。索普開始反思自己當年從二十一點學到的領悟：第一，了解遊戲規則；第二，堅持下去，等待機會來臨時全面出擊；第三，要懂得接受虧損。他以前沒有把這些原則運用在投資上，現在則重新調整策略並且嚴格謹守。

1975 年，索普轉戰投資界六年之後，成為了百萬富翁。他的名聲在華爾街水漲船高，漸漸認識不少圈內人。他觀察到有些人心中似乎缺乏「道德指南針」。索普有次向薇薇安介紹一位投資圈友人，聚會結束後薇薇安卻告訴索普不該太親近那個人，因為「從他開車的方式就能看出他是多麼貪婪的人」。

索普是仰賴數學做出決策的「量化派」第一人，但他明白金融世界不僅由一連串數字堆疊，和什麼樣的人往來也很重要。他避免虧損的方式，就是避免和自己不信任的人物和公司來往。

在 1994 年，著名的交易員約翰・梅利威瑟（John Meriwether）合夥兩位未來（1997 年）的諾貝爾經濟學獎得主、十六位學術和市場菁英，以及一位聯準會前副主席，成立了長期資本管理公司（Long-Term Capital Management，簡稱 LTCM），主營對沖基金。幾乎所有美國大型投資銀行都是他們的投資人，這或許並不罕見，然而 LTCM 的資金來源也包括義大利、新加坡、台灣和泰國的央行，這些機構通常不會投資對沖基金。

有一天，LTCM 主動找上索普，問他有沒有興趣參與投資。LTCM 成立第一年的淨收益為 21％，接下來兩年分別為 43％和 41％，這張亮眼的成績單讓 LTCM 一舉成為華爾街最受歡迎的對沖基金。但索普做了些研究，覺得這般誘人的收益不會持久。另外，他不太信任梅利威瑟。「梅利威瑟以前在所羅門（Salomon）[7] 當交易員時就走高風險路線，」索普回憶道，「而且我認為 LTCM 的理論家並不具備足夠的適應力與投資實戰經驗。」所以最後他拒絕了這

7　華爾街著名的投資公司。

場投資邀請。

　　1998 年，LTCM 僅僅成立四年，投資表現就開始大幅下滑。基金在短短幾週內資產淨值減少將近 90％，對全球金融產業造成巨大衝擊。由於 LTCM「大到不能倒」，因此得到了紓困，卻也為 2008 年的災難埋下伏筆。

　　隨後，聯準會和其他金融機構達成協議，在保障全球市場的前提之下清算了 LTCM。然而，史上最大規模的對沖基金倒閉之後，梅利威瑟隔年和四位舊夥伴又成立另一個對沖基金 JWM Partners。

　　在 2009 年的金融海嘯餘波當中，JWM Partners 也倒閉了。不過，2010 年梅利威瑟再度成立他的第三個對沖基金。索普形容他這種做法「無論如何都有利可圖」。對沖基金經理人的收入基本上來自管理費用，與金融產品的盈虧無關。也就是說，一檔基金表現不佳時，經理人可以直接關閉基金再成立新的一檔，投資人卻必須承擔虧損──而索普的策略重點是避免失利。

　　索普表示自己打從涉足投資以來的年均報酬率達到20％，而且從來沒有赤字年。他和薇薇安認為存款已經夠他們安心退休了。

索普說：「對華爾街來說，成功是盡可能賺取利潤；對我們來說，成功是享有最美好的人生。」

三不原則遠離虧損，穩定累積財富

交易指數期貨、股票選擇權或加密貨幣等風險資產時，不是永久獲利，就是永久虧損，這種兩極化的結果和「投資」大相逕庭。投資具有潛在價值的資產，例如穩健企業的股票時，發生永久虧損只有兩種原因：在跌勢中過早賣出，或是企業破產。對成熟且盈利的企業來說，後者發生的機率微乎其微，通常原因出在前者，也就是投資人自身的行為。

LTCM 主動找上索普時，他不看上行潛力，反而考量可能釀成大禍的潛在損失。乍看之下，LTCM 只是一次失足就成了千古恨，但其實千里之堤潰於蟻穴，是每次小失誤累積才造成無可挽回的財務崩潰。事實上，很少投資人因為一次失利就傾家蕩產，大部分投資人會走投無路，往

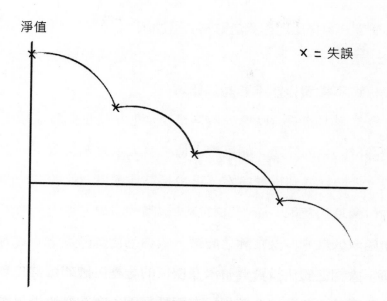

淨值

✗ = 失誤

| 圖 8 | 隨著時間阻礙財富累積的一系列失誤。每次失利都會使淨值減少，最後可能由正跌到負。

往都是因為一連串錯誤的決策。

古羅馬詩人尤維納利斯（Juvenal）認同許多斯多葛主義的觀點，他說：「不曾有人一夕跌落谷底。」一次錯誤的決定並不會毀掉生活，長時間做出一連串錯誤決策才會。

索普的策略重點是避免失足，他的所有決策都圍繞著這個目的，因為他知道再小的損失都將積沙成塔，最後無法收拾。以下是我從斯多葛主義中領悟出來的穩健投資三不原則，可以協助你避免財富灰飛煙滅。

1. 不投資自己不熟悉的領域

　　怎麼判斷一檔股票的價格是否合理？這是個專家學者
們各持己見的難題；如果請十位投資人量化某間公司的價
值，大概會得到十種答案，這也是為什麼投資比較像一門
各自解讀的藝術，而不是有標準答案的科學。世上沒有放
諸四海皆準的方法來評估股價，你必須為自己選定一套方
法。最常見的估價模型是本益比，由每股市價除以每股盈
餘計算。簡單來說，本益比愈高通常表示該企業的股票價
值被高估；相對地，本益比愈低則表示價值被低估。然而，
本益比高的股票一般來說也是飆漲速度最快的，這也顯示
估價模型的預測可能與短期走勢不一致。

　　眾所皆知，像索普這樣的投資人會投入無數時間深入
研究，判斷一檔股票的價格是昂貴或便宜。股價受到許多
因素影響，每年有上百本書籍討論那些動搖股價的原因，
而如果你懂得判斷股價，就已經成功一半了。

　　但我們多數人沒有索普的滿腔熱忱，能夠每天花數個

小時評估股價，也沒興趣坐下來細究公司財報。我們不在
乎公司在整個產業的定位、不在乎公司前景，也不知道管
理層是誰、不知道他們擁護的價值取向。

多數人只因為用了一家公司的產品或因為媒體噱頭，
就一股腦地買進所謂的「熱門股」或「上漲股」。有時候
我們也因為一家公司透過首次公開發行上市而買股。這些
新上市公司第一年的表現大多會落後市場一大截，所以建
議遠離這類受媒體寵愛的熱門股。

長期投資的核心是以合理價格購買體質健全的資產，
而投資標普 500 就是這麼一回事。投資界一致認同效率市
場假說，這個學說認為數百萬市場參與者會買入被低估的
股票並賣出被高估的股票，所以市場總能以公平價格（真
實反映其內在價值的價格）交易，最終達到平衡。然而，
這不表示市場每天都有效運作，看看每天的走勢就知道，
聯準會主席失言就導致市場下跌 5％，毫無效率可言。但長
期來說，股市確實是個嚴厲的自我修正機器。

快速飆升的股票通常會回歸均值。這是效率市場假說
最實際的觀點：**著眼長期才有意義**。因此，了解公司實際

價值的老練投資人，理論上能趁低價進場，從價值和價格的短期差異中獲利。如果你想買進這樣「定價錯誤」的股票，建議遵循我先前提到的「90／10投機法則」。而無論你的估價模型預測結果如何，也要注意市場的即時反應可能與你不同調。

經濟學家凱因斯（John Maynard Keynes）有句名言：「市場保持非理性的時間，比你保持償付能力的時間來得久。」這句話突顯不論你多麼理性地處理某檔股票，市場始終高深莫測。即便你深信這檔股票終將與你站在同一陣線，市場仍可能持續逆勢而行，耗盡你的資金。

我們要能自覺：「這不是我可以承擔或是想要加入的賭局。」斯多葛哲學家們不時提到自我覺察的重要性。馬可・奧理略曾列出他認為最重要的人格特質，第一項就是自我覺察：「理性的靈魂所擁有的特徵：自我覺察、自我窺探，以及不受限制塑造自我的能力。理性的靈魂不是麻木的植物，它收穫自己的果實。」

身為斯多葛投資人，我們要有自覺，承認自己並不了解所有投資領域。下一次，當你受到外界誘惑，想要買進某一檔股票時，請先問自己：「我真的知道自己在投資什麼嗎？」如果答案是否定的，切勿投入任何資金。

想要投資標普 500，只需要了解整個市場走勢，而透過我在書中說明的內容，你會了解華爾街的運作方式和動搖股市的種種因素，因此投資跟著市場走的指數基金時，你知道自己在投資什麼；相反地，如果購買某支股票只是因為它受到關注或價格上漲，你很可能根本不知道自己買的是什麼。

2. 不借錢投資

現代股市的雛型自十七世紀形成以來經歷了無數跌宕起伏，這是公開市場的自然特性。在股市狂熱的時刻，沒有人不想從鬱金香、黃金、股票、房地產、加密貨幣等各種媒介致富。但如同受傷是運動員不可避免的難題，泡沫也是公開市場的一部分，我們不可能只坐享好處。

我們都知道泡沫形成的原因：當某項資產迅速竄紅後，投資人欣喜若狂，開始擔起自己其實無力肩負的風險，而這通常是指借錢買資產。畢竟，借錢買只漲不跌的股票豈能有什麼風險？但是大眾似乎集體遺忘了歷史教訓，過剩的資金在市場上追逐著少數資產，把泡沫愈滾愈大，終將導致幻滅。

市場和人體的運作似乎有異曲同工之妙。運動量如果超過肌肉所能負荷，很容易造成運動傷害。多數傷害的根本都來自我們過度活動，不知道自己的極限。以我為例，我從十六歲就養成了跑步習慣，到現在幾乎體驗過所有跑者常見的運動傷害。我從來沒有發生跌倒或扭傷膝蓋這類意外，每次受傷都是因為自己太壓榨身體，而每次受傷就必須暫時中斷跑步習慣。

把場景拉回到市場也是如此。當太多人借了太多錢時，價格就會被推高。儘管我們可能數年之後才會看出影響，但繁榮週期終究會結束。突然之間，價格開始暴跌，整個市場癱瘓停擺，大家必須拋售資產才能償還債務。這個情況對財富和心理健康都是一大衝擊。我們之所以不惜冒超過能力範圍的風險，是因為我們缺乏耐心。斯多葛哲學家經常提及這一點。我們對一件事情熱衷滿盈，想要取得更多：更多金錢、更多享樂、更多運動……但渴求得愈多，即便是渴求好的事物，並不代表就是愈好。愛比克泰德說：
「通往自由的道路不是完全享有渴求的事物，而是控制渴
求的欲望。」

即便有賺取更多金錢的機會，我們也必須克制這股欲
望。就像一直受傷的跑者沒辦法練出肌耐力，借錢周轉的
投資人沒辦法建立長久財富，雖然在市場狂熱時攀得高，
卻也在崩盤時跌得重。作為長期投資者，請避免這種命運。

但我不是說借錢一定糟糕。如果你操作股票志在短期
獲利，那麼借錢或善用槓桿確實有所助益。簡單來說，投
資人可以透過槓桿借取資金，操作原本自有資金沒辦法達
到的交易規模。雖然這聽起來毫不費力，但記得一切利弊
相隨；槓桿操作可以帶來更高收益，也能造成後果更加不
堪設想的損失。槓桿的潛在破壞力更強，管理風險時絕不
能心軟，除非能帶來超過 50％的獲利，而且你能像毫無感
情的投資機器般堅守策略，才考慮這麼做。永遠不要承擔
超出自身能力範圍的風險。

作為深謀遠慮的投資人，我們最好避免槓桿，因為潛
在獲利沒辦法抵銷風險。

3. 不拿日常開銷的預算投資

投資股票是個理想的長期策略。自 1926 年算起的每個十年期，美國股市 95％的時間都有正回報。這意味者投資人的投資幾乎每十年都會獲利。除了大蕭條和 1970 年代停滯性通膨之外，股市一直穩定向上。

因此，股票確實是個良好的致富工具，但我們沒理由指望市場在短期內就達到每年 10％的平均歷史報酬率。堅定不移地投資並不保證能帶來想要的結果。正如馬可·奧理略所言，我們必須接受任何結果，「不傲慢，不執著」。短期投資更是如此。

當你計劃未來，想著「我明年要用這筆股利買車」或「我們兩年後可以拿股利來籌辦婚禮」，那就徹底忽略了長期投資的邏輯。你的資產每年大約會成長 10％，但別忘了前提是「時間」。

投資不是短期增加收入的手段。投資是長遠的，我們要讓資產有足夠時間成長。

務必只用未來十年甚至更長時間不會動用到的資金來投資。如果你將日常開銷的預算拿來投資，很可能在資金有機會複利成長之前，就被生活所迫賣掉股票，更糟的話甚至會導致虧損。

標普 500 從 1980 年到 2022 年的年均報酬率雖然是 11.44％，但細看任何一年則有可能是負成長。你不能期望自己投入的一萬元隔年立刻多產出一千元，股市不是賺快錢的地方，市場可能明年就下跌了。碰到這種情況時，你該怎麼辦？立刻下結論，斷言這筆投資一敗塗地，只有慘賠的命運嗎？

在培養斯多葛心態的過程中，不能總想著金錢什麼時候開始增長。當我們執著於需要用到的錢時，焦慮就會如影隨形。最符合斯多葛主義的方法，是在把錢投入市場的那一刻，就和它永久道別。這種心態轉換能防止你迫於所需賣掉資產。如果真的出現計畫之外的開銷，應該用緊急預備金應對。

緊急預備金不同於儲蓄帳戶，專門用來應對緊急醫療情況、車禍或失業等意外開支。我會在第 13 章深入介紹，不過建議這份預備金應該至少等於半年的開銷。天有不測風雲，這份經濟後盾能在發生意外時讓你免於訴諸高利率貸款或影響長期投資。

　　如果你拿日常開銷的預算投資，很可能陷入一場惡性循環，不斷買股票，又在需要那筆錢時被迫賣出，最後只是原地踏步，沒辦法累積實質財富。務必只拿沒有立即需要的閒置資金來投資。

沉思片刻……

健全的心靈應該為任何事情做好準備。

不斷問著「我的孩子一切還好嗎？」

或者不斷想著「大家必須認可我」，

就如同只能接受蒼白的雙眼，

或者只能品嘗爛糊的牙齒。

——馬可‧奧理略

　　不論是個人生活或理財投資，做好準備都是關鍵。

　　投資人可以做好兩種準備：持續學習投資領域的知識，

以及盡可能了解自己的投資項目。

　　當你將這兩件事融入生活，就做好了準備，能夠應對任何財務事件。

章 節 重 點

◉ 「避免虧損」比「注重高報酬」更能快速累積財富，投資人應該花更多精力保護資金，而不是努力追求潛在的高報酬。

◉ 避免重蹈覆轍。失敗不是一次失足造成，是長期一連串錯誤決策而致。

◉ 投資自己了解的領域。標普 500 涵蓋美國前五百大表現優異的公司，是簡單好懂的投資工具，其他大多金融資產不一定具有這項優勢。

◉ 不借錢做長期投資。用借來的錢進行投資聽來誘人，但會對投資人造成心理和經濟的雙重壓力。

◉ 用閒置資金投資。投資回報並不等於收入。工作提供今天的收入，資產提供未來的回報。

第 9 章
貪心無益

誰不想名利雙收？我們看到別人五光十色的生活充滿奢華、地位、權力，不禁心生羨慕，也渴望擁有更多金錢、機會、假期、美饌、體驗，甚至全世界。但無止盡的追求只會導致生活扭曲。當我們感激生活中的一切已經足夠，就能感受到內心平靜並享受已經擁有的，不再凡事都追求更多，也不再被貪婪給吞噬。

▌保持「平庸」，更快邁向成功

1965 年正值金融世界的狂飆年代，投資高風險高報酬投機產品的基金經理人在華爾街呼風喚雨；許多投資人摒棄保守的平衡型基金，把資金砸進保證雙位數報酬的積極成長型基金。

威靈頓管理公司（Wellington Management Co.）是其中一家面對投資人集體出走的傳統基金公司，創辦人瓦特‧摩根（Walter Morgan）認為自己「太保守」，已經無法再成功經營公司。威靈頓基金創立於 1929 年，是第一檔投資相對穩健的股票和債券的平衡型基金。1929 年股市崩盤和緊接而來的大蕭條，讓包括美國一般百姓在內的投資人們趨於謹慎，所以穩健風格確實在那幾十年是個管用的策略。但 1960 年代一甩從前，整個社會蓬勃繁榮。

六十六歲的摩根要他的執行副總裁約翰‧柏格（John Bogle）「不惜一切代價」解決這個問題。他相信威靈頓應該效仿其他公司，推出自己的投機性基金，加入「狂飆」的行列。「狂飆」一詞起源於 1960 年代，當時美國達到了第二次世界大戰後的成長巔峰。世界和經濟數十年來第一次顯得風平浪靜。投資人大膽冒險，投入更多資金，想跟著大環境一同狂飆。

柏格出生於 1929 年，經歷過艱苦的 1930 和 1940 年代，因此有不同的想法。他在 1951 年以優等成績從普林斯頓大

學經濟系畢業後，就開始在威靈頓工作，並於 1965 年晉升
為副總裁。即便長官施壓要求他像其他公司一樣大膽往前
衝，腳踏實地的柏格仍然堅守他相信的價值，不輕易冒險。
最終，經過摩根的同意之後，柏格在 1966 年合併威靈頓和
一家作風大膽的公司。之後摩根宣布退休，柏格在 1970 年
上任威靈頓的執行長。

　　然而，市場開始出現成長放緩的跡象。1973 年，股
市開始崩盤，標普 500 在該年下跌 17％，隔年又下跌了近
30％。威靈頓的資產也因此從 1965 年的 20 億美元，驟降
到 4 億 8,000 萬美元。柏格在 1974 年被撤職。

　　雖然柏格遵循摩根的方針，但他本人從來不認同這種
涉險行為。事實上，他早在 1951 年寫成的大學論文中就提
到建立一個追蹤標普 500 指數並追求低風險報酬基金的想
法。他認為一般投資人可以透過長期的穩定報酬累積更多
財富，只有傻瓜才會妄想超越大盤，而這個妄想正是「狂
飆」基金的目標。

　　柏格一直想建立指數基金，但直到他被威靈頓解職，
並讀了麻省理工學院經濟學家兼諾貝爾經濟學獎得主保羅．

薩繆森（Paul Samuelson）的文章〈挑戰判斷力〉（*Challenge to Judgement*）後，才真正實踐這個想法。雖然他才剛丟了飯碗，命運似乎已經為四十五歲的柏格鋪好了未來的道路。

　　當時的投資人如果想購買一籃子的股票，只能分別購入每支股票，或者選擇管理費不斐的主動型基金，導致投資變得費時、費力又費財。如果可以單純地跟隨指數追蹤大盤就累積財富，何必耗費大把精力左挑右選呢？

　　這番領悟促使柏格成立了一檔專門追蹤標普 500 指數的共同基金，而因為這檔基金只追蹤標普 500，所以不需要經理人，當然也就免了管理費用，大幅降低投資人的成本。

　　1975 年，柏格創辦了先鋒領航（Vanguard），期待降低美國大眾的投資門檻。先鋒領航成立之初只有柏格和另外兩名員工。不到一年的時間，他推出了追蹤標普 500 指數的共同基金：先鋒第一指數投資信託（現在稱先鋒 500 指數基金）。

　　第一檔指數基金剛推出，柏格就飽受投資圈嘲諷。富達的董事長告訴媒體：「我不相信絕大多數投資人只滿足於平庸的報酬，投資的終極目標是追求卓越。」許多人並

不看好這檔基金，稱它是「柏格的笨把戲」。對華爾街的
許多人來說，被動投資絕對是不折不扣的平庸行為；畢竟，
如果一年能賺雙位數報酬，追蹤指數的意義何在？

　　柏格則說，這種邏輯正是投資公司從沒推出指數基金
的原因。投資公司成立共同基金的目標是增加資產管理規
模，進而拉高顧問費用，好增加公司收益。整個金融產業
長年以來如此運作，沒有人挑戰這個做法。

　　傳統的產業做法對投資公司有利，對投資人卻未必。
但柏格成立先鋒的初衷本就不是為自己或公司賺進大把鈔
票，而是希望大眾能從投資活動中賺得收益。他說：「同
業們都有機會開創指數基金的先河，但只有先鋒領航願意
這麼做。」

　　先鋒領航就這樣在 1970 年代中期的輿論紛擾中起步，
之後愈來愈多人涉足投資，也漸漸發現柏格獨特的指數基
金架構符合自己的理財目標。先鋒領航初創時的資產管理
規模僅 1,100 萬美元，到 1982 年底該基金的規模達到 1 億
美元，六年後更直攻 10 億美元里程碑，在 1,048 檔基金中
排行第 41 名。與此同時，愈來愈多人開始透過指數基金進

行長期投資。2022 年底，先鋒領航的資產管理規模衝到 8.1
兆美元，成為美國第二大資產管理公司。

柏格創造了無數財富，他本身卻不是億萬富翁。他於
2019 年以高齡八十九歲過世時身價 8,000 萬美元——對絕
大多數人而言是可觀的數字，但考慮到他開創了價值數兆
美元的指數基金，這個金額顯得微不足道；同一年，競爭
對手富達的資產規模僅有先鋒的一半，富達執行長的身價
卻達 122 億美元。

柏格定期把自己的半數薪水捐給慈善機構。他經常談
到慈善，也身體力行。更重要的是，他確保先鋒領航的收
益不要像其他投資公司一樣高得嚇人，因為他相信報酬應
該回饋給投資人。柏格所創立的先鋒領航和典型的管理公
司截然不同，先鋒領航由其共同基金而非個人股東所擁有，
而這些基金則以低投資成本為目標，由基金持有人所有。
如果先鋒領航如同多數投資公司，由柏格和他的接班人們
擔任主要股東，他們將會是好幾個世代的億萬富翁。

十九世紀的石油巨擘約翰·D·洛克菲勒（John D.
Rockefeller）曾被問及：「人該擁有多少錢才夠？」洛克菲

勒回答：「再多一點。」但柏格不以為然，他十分知足，正如他在著作《夠了》（*Enough*）所寫，「比你需要的多一塊錢」就夠了。

📖 練習與貪婪和平共處

　　整個斯多葛主義都建立在「中庸之道」的基礎。從建立之初，斯多葛主義就在當時兩個哲學思潮：犬儒主義和伊壁鳩魯主義當中尋找平衡。

　　犬儒主義者和斯多葛主義者都相信，當我們與大自然和諧共處、擺脫對物質財富和社會地位的欲望時，就會感到幸福。犬儒主義者進一步認為社會建構因素（例如金錢）並非自然生活的必要部分，斯多葛主義者則認為應該適應社會。另一方面，伊比鳩魯主義者和斯多葛主義者都相信，我們可以透過簡樸、節制的生活來獲得心靈平靜。但伊比鳩魯主義者認為可以透過追求快樂、避免痛苦來獲得幸福，斯多葛主義者則認為不需要刻意避免痛苦或任何自然事物。

　　斯多葛主義者選擇了中庸之道，他們不放棄生活的樂趣，也不逃避苦難，對生活中的所有課題皆抱持著平衡的觀點。

　　最富裕的斯多葛主義者塞內卡曾談及關於金錢和富饒的中庸思想：「什麼是衡量金錢最好的方式？最好的方式是擁有必要的金錢，更好的是擁有恰到好處的金錢。」塞內卡和柏格看法一致。我們需要金錢才能過上圓滿生活，所以不該像犬儒主義者那樣摒棄金錢，但也不需要學習伊壁鳩魯主義者追求過多財富來滿足所有欲望。

　　中庸之道說來簡單，想要實踐卻不容易。傾向極端是我們的天性。事實上，我們的社會總在強調極端，多數人習以為常地過著汲汲營營的生活。在金融方面，這一點可以從投資人申請多少信貸一窺端倪。2020 年 9 月，經歷新冠疫情橫掃過後的股市重振旗鼓，而調查表示有 43％的散戶透過信貸形式投資股票。

　　如前一章所說，槓桿操作可以同時擴大潛在損失和獲利。有些投資人滿心期待能賺進大把鈔票，卻沒有謹慎考慮賠掉身家的機率。財富的累積需要幾十年細水長流，但只要短短幾週或幾個月就能全數付之一炬。

採用中庸之道的投資人雖不會一夕致富,但也不會一落千丈。這就是斯多葛主義者每日奉行的圭臬。在各種成功故事從社群媒體鋪天蓋地襲來,挑撥著羨慕與忌妒,鼓動人性攫取欲望的現代生活中,保持平衡並不容易。

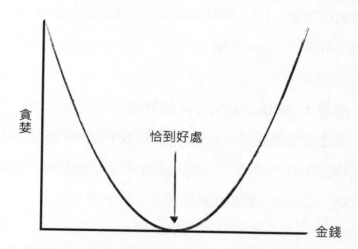

| 圖 9 | 貪婪和金錢的關係往往呈現 U 形曲線。擁有太少金錢,會很貪婪,因為需要更多錢才能過好日子。擁有恰到好處的金錢,會獲得心靈和物質滿足。擁有太多金錢,又容易陷入無止盡追逐的陷阱。

保持平衡的唯一途徑,是在日常生活中磨練自己。這是莫索尼烏斯最重要的教誨。他說:「僅只知道不能被欲望所征服,卻沒有實際練習抵抗,這樣豈能立刻懂得自我

克制呢？」

　　斯多葛主義中有許多練習，旨在鼓勵人們過美好生活。我們不可能完全抹除諸如貪婪等情緒，畢竟這是潛意識中自然而然的底層人性。當貪婪浮現，我們唯一能做的就是練習調節情緒。以下有兩項最實用、最簡單的斯多葛心態練習，可以帶你走向平衡。

練習 1：只追求控制之內的事情

　　愛比克泰德說：「如果你渴求自己掌控範圍以外的事情，你注定要失望的。」但如果問任何人他們的生活追求是什麼，答案幾乎總是控制範圍之外的事物。

「我希望今年投資報酬率可以達到 20％。」

「我達到這一季的收入目標後一定會很開心。」

「我接下來要每天上健身房、養成健康飲食習慣，這樣才能長命百歲。」

「我希望 30 歲結婚、32 歲迎來第一胎，兩年後再生第二胎。」

　　這些願望都超出了控制範圍。我們可以投資，但不能控制報酬率。我們可以努力增加收入，但即便收入達標了也不保證快樂。我們可以盡情健身，但不能控制天外飛來的意外或疾病。我們可以展開一段戀愛，但不能控制另一半的行為或人生規劃。

　　這些事實再明顯不過，我們卻仍每天執著於自己掌控範圍以外的事情。斯多葛並非認為人不該有所追求，只是該限定於追求可以掌控的事情，例如知識和技能的精進，或成為一個更親切的人。一旦目標超出可控範圍，就等於為貪婪開啟了一扇大門。為了避免貪婪，當談論到無法控制的事情時，務必改變我們的自我對話。改變我們的話語，終將改變我們的渴望。

　　從：「我需要／想要／希望某件事成真。」
　　轉換成：「如果某件事成真就好了。」

　　我開始撰寫這本書的時候，發現自己不時幻想這本書將如何成為暢銷書，我又將怎麼受邀出席各大節目。「我想要這本書大賣百萬本，登上暢銷排行榜。」最後，我改變了自我對話。我開始思考：「塞內卡在寫書時會想些什麼呢？」

如果成為暢銷書的話一定很棒，但是沒有也無妨。我們不能控制結果，但能控制自己付出多少努力。所以我開始全心投入，致力寫出全世界最棒的個人理財書籍，這是我的目標，而對我來說這已經達成了。如果其他人同意的話一定很棒，但如果其他人不同意我也欣然接受，因為能不能受到別人青睞不在我的掌控之內，所以我不糾結。

愛比克泰德將這個行為稱作「選擇與拒絕」。這意味著有意識地選擇或拒絕生活中每一件可以控制的事情。你能夠選擇專注於掌控範圍以內的事情，也可以拒絕被欲望蒙蔽雙眼。

練習 2：節制任何習慣

要按照中庸之道生活，我們必須擁有自制力，而訓練自制力的最佳起點，則是生活中最重要的事情：**習慣**。根據莫索尼烏斯，節制可以從飲食做起。

他寫道：「吃得過量的人犯了錯誤，狼吞虎嚥的人、耽溺美饌的人、偏愛膩口甜食而不重視營養的人，和不與人分享菜餚的人，都犯了錯誤。」斯多葛主義者往往：

1. 不過度飲食。
2. 不狼吞虎嚥。
3. 不沉迷於令人愉悅、高熱量、奢華的美食。
4. 避免甜食。
5. 與他人分享食物。

如果你的自制力有待加強，不妨從節制飲食開始，再逐漸將這股力量擴展到其他習慣，培養平衡的生活方式。

我也是從經驗中慢慢學習的。我青少年時期飲食無度，十六歲達到人生的體重巔峰 108 公斤。體重過重不僅打擊心理，對身體更加有害。

所以我去諮詢營養師，下定決心減重。現在的我早已把營養師的各種減重方式忘得徹底，除了其中一項建議，我能夠一字不差地複述：「減重期間千萬不要把食物吃得一乾二淨。最後留下一小口，小小一口就好，你想像一隻小老鼠能吃掉的分量就好。這不是要限制熱量攝取，而是要訓練自制力。」

這句話徹底改變了我往後的飲食習慣。接下來我一週運動六天，讓燃燒的卡路里比攝取的多，最終在一年內甩掉將近 23 公斤。達到健康的體重之後，我仍持續提醒自己吃得夠就好，不要吃到撐。當我意識到自己又開始饞食時，便會應用「留一小口」法，提醒自己是可以控制飲食的。到現在二十年來，我的體重一直保持得不錯。

大家經常低估了自制的力量，認為欲望總會占上風，日常中無時無刻臣服於過度的欲望。幾口洋芋片不夠塞牙縫，要吃完一整包；10％的報酬不夠滿足，要奮力追逐100％。

你的飲食方式會影響生活方式。每一餐或每一次下午茶都是練習節制的好機會。懂得節制飲食就懂得適度生活，所以從飲食習慣做起，慢慢延伸到生活其他方面吧。

這個基本原則對理財也適用。當你喪失自制力，就會迷失方向，當你對飲食和理財展現節制，就能獲得平衡的生活。這是斯多葛主義者和卓越投資人擁有的特質，不論市場前景如何、不論誘惑多大，他們都保持平衡，不會掉進極端的陷阱。他們擁有恰到好處的事物，並且為此滿足。

沉思片刻……

你能掌握的如此之少，卻又渴望如此之多，

這難道不是一種荒誕與極致癲狂嗎？

——塞內卡

你真正會穿的衣服有幾件？你需要幾輛車？你的屋子容得下多少配件和家具？你會用到多少科技新玩意？

以上問題的答案很可能是「其實不多」，多數人甚至傾向簡單生活，而不是被「要不斷累積」的壓力追著跑。

重新省思你已經習慣的一切。即便你享有許多事物，也很快就會習以為常，但物質沒辦法帶來長久的富足，長久的富足只能從自己的內心尋得。

章 節 重 點

◉ 遵循「中庸之道」生活。追求平衡並避免過度放縱，適度的生活方式可以避免財務浩劫。

◉ 專注於累積財富，但別不擇手段。斯多葛主義者選擇依循自身價值觀生活，而不是被享樂、社會地位和金錢等外在物質驅動。

◉ 只追求控制之內的事物。不斷尋求控制之外的事物，很容易犧牲自身價值觀，只為換取想要的事物，如果徒勞無功，就會感到失望；如果只追求控制之內的事物，則不會失望。

◉ 調整自己的習慣。在生活的各個方面保持節制，才能擁有平衡的生活。懂得節制飲食，就懂得適度生活。

原則三

讓財富增長

道德教誨猶如種子，雖微小但力量無窮。若遇合適的心靈加以領悟吸收，便會從中衍生出無數思想，回饋遠超其所受的智慧之果。

——塞內卡

第 10 章
讓你的錢發揮作用

　　存有一小筆資金之後，你就可以開始透過複利效應以錢滾錢，不需要再單純付出時間來賺得收入。這才是財富真正的定義：從以時間換取金錢中解脫，讓錢自動愈滾愈大。每一年的小報酬聚沙成塔，長期下來會達到驚人的成果。只要持之以恆地投資股市，遲早會迎來飛速增長的財富。理解這點之後，你在投資過程就能更加安心。

▐ 從球僮到億級經理人

　　1954 年，彼得・林區年僅十歲，父親就因癌症過世了。為了減輕母親的經濟壓力，他小小年紀就在當地一家高爾夫球俱樂部當球僮。來打高爾夫球的客人們聊天內容八九不離投資，悄悄為一旁的小球僮開啟了嶄新的世界。林區在俱樂部認識了美國投資龍頭富達公司的總裁喬治・蘇利文（George Sullivan），他和其他高階人士帶來的啟蒙，讓林區開始嘗試投資。

1963 年，林區在波士頓學院讀二年級，他用存款以每股 7 美元的價格買了 100 股飛虎航空（Flying Tiger Line）的股票，之後股價上漲到 80 美元。林區形容這支增值十倍的股票是一支「十壘安打」。這筆報酬有部分支持了他剩下的大學學業，以及之後在賓州大學華頓商學院的企管碩士學位。因為曾當過喬治・蘇利文的球僮，這段緣分讓他在華頓商學院就讀期間有機會進入富達實習。1969 年，他從實習轉為正職分析師，之後一路攀升，在 1974 年成為研究主管。

正當林區的職級步步高升，股市卻在 1973 年到 1974 年間節節敗退。高通膨和石油危機的陰霾壟罩著整個 1970 年代，大環境對市場和投資人都很不利。

1977 年，市場情緒低迷，股票乏人問津，不少管理公司甚至關閉整個銷售部門。上任研究主管不久之後，三十三歲的林區接手管理麥哲倫基金（Magellan Fund）；這檔現今最知名的主動型基金在 1970 年代根本默默無聞，資產管理規模只有 1,800 萬美元。

　　身為一位名不見經傳的經理人，林區可以比較沒包袱地自由選股，況且大家在灰暗的 1970 年代也不奢望一個新手能繳出什麼好表現；但是林區讓所有人刮目相看。在他的帶領下，麥哲倫基金在 1978 年異軍突起，達到 20％ 報酬，而同一時期涵蓋美國前三十大企業的道瓊工業平均指數和標普 500 則分別下跌 17.6％和 9.4％。

　　林區跑贏大盤的策略是大量研究。研究完一間公司的財報和市場表現之後，他通常還會親自前往門市或辦公室跟職員聊天，了解管理階層。經過一番勞心費力的過程之後，林區才會做出最後決策。

　　林區最有名的一役是對汽車製造商克萊斯勒（Chrysler）的投資。克萊斯勒在 1970 年代推出的車款接連遭遇失敗，銷售表現一落千丈，金融分析師預測克萊斯勒距離倒閉的日子不遠了。但在 1982 年，林區自己研究過後，認為這家公司的股票被低估了。根據克萊斯勒的財務報表，他們有超過 10 億美元的現金，投資人卻紛紛錯誤預期破產在即，導致股價跌落谷底。但在出手買股之前，林區希望能跟克萊斯勒的高層見面。

於是 1982 年 6 月某一天，林區形容「那可能是我二十一年投資生涯中最重要的一天」，原本預計和克萊斯勒高層的三個小時會面延長到七個小時，和先後任職福特總裁和克萊斯勒執行長的李・艾科卡（Lee Iacocca）的「小聊」變成兩小時的會議。林區也親臨生產線參觀克萊斯勒的最新車款，他知道一旦景氣回溫，這家公司已經準備好推出一系列潛力新品了。

汽車是週期性產業，景氣艱難時需求下降，景氣明朗時則需求增加。但汽車股的波動與經濟變動預期的方向相反，一家汽車公司公布營收下降時，投資人預期未來營收會成長（因為週期性特質）所以蜂擁買入。林區了解這個現象，所以開始積極買進克萊斯勒的股票，1982 年克萊斯勒每股 2 美元，五年後突飛猛進到 46 美元，林區的投資生涯又多了一筆輝煌的紀錄。

麥哲倫基金成長快速，讓幕後推手林區搖身成為投資界巨星。1989 年他出版了投資經典《彼得林區：選股戰略》（*One Up on Wall Street*），名氣衝上顛峰。但管理麥哲倫這樣的大型基金並不是件容易的事，麥哲倫占據了林區的下班時間、週末和假期。

為了維持麥哲倫的優秀績效，林區必須時時追蹤數千家公司，一週工作超過九十個小時。林區回憶他長年工作之後，終於在 1987 年 10 月 15 日星期四啟程前往愛爾蘭度假的經歷。

隔週一，也就是 1987 年 10 月 19 日，道瓊工業平均指數跌了 22.6％，標普 500 也不遑多讓地重挫 20.4％，至今仍是標普 500 單日史上最大跌幅。這有多可怕？大蕭條期間單日最慘跌幅「也不過」12％。

林區已經無心和妻子享受異國風情，他的心思全被眼前的崩盤恐慌給占據了。他適應時差熬夜打電話給他的投資團隊指示操盤作業。最後他學到兩個重要教訓：不要讓小問題破壞你的投資，也不要讓小問題破壞你的假期。崩盤之後市場一如往常地回到正軌，林區總結：「不論一天漲跌 508 點還是 108 點，卓越的公司總會成功，平庸的公司總會失敗，而投資人也會得到相應的回報。」

1990 年，四十六歲的林區正式卸下麥哲倫基金的經理人職務，宣布退休。在他的管理之下，麥哲倫基金規模從 1,800 萬美元成長到超過 140 億美元，並持有超過 1,000 個個股部位，年均報酬率達 29％，成為有史以來二十年報酬最優異的基金。

他在接受美國公共電視網（PBS）訪問時被問到，壓力是不是他決定退出的原因，他回答：「壓力不是問題，我熱愛這份工作，我在全球最頂尖的公司上班，享有很好的待遇、免費的咖啡……壓力不是問題。問題是要投入太多時間，我一週工作六天還是不夠。」

林區快速地為自己和投資人創造收益，但這顆經濟碩果背後的代價就是時間。他缺席了自己三個孩子的成長。在多年的投資獲得亮眼成績單之後，林區終於意識到，他希望自己的生活也有同等回報。

📖 善用複利的力量

如果有以下兩種選擇，你會怎麼選？選項一：把所有個人時間奉獻給投資，積極嘗試跑贏大盤。你的表現比市場平均高出 2%，但你沒時間運動、約會或參加孩子的演奏會。選項二：採取被動策略，讓金錢隨著市場的腳步成長，兼獲複利、個人時間和心靈平靜。

除非你是金融專家或特別熱衷於擊敗大盤，否則應該會選擇後者，在累積財富的同時，有時間投入與享受你所愛的事物。

複利的美好之處在於你不需要做任何事情，只要投入資金，獲得報酬，然後再繼續投資，讓先前的收益成為複利的墊腳石。

一旦持續以報酬為本金，透過投資滾動增長，終會迎來指數型成長，繪成如同曲棍球桿的成長曲線。投資初期成長緩慢穩定，如曲棍球桿的桿頭，然而隨著複利效果逐漸顯露，成長速度便會一飛衝天，如桿身般大幅向上。

儘管概念很簡單，要實踐卻不容易，因為「桿頭時期」

通常會延續二十年，而人們急於求成，在報酬呈指數成長的「槓身時期」到來之前就半途而廢。為了避免這樣功虧一簣，投資人可以採取長遠心態，告訴自己：「我寧願等待未來豐收，而不急著現在強摘單薄的成果。」

落實投資並讓金錢複利成長，才能真正改寫未來。在當下花些時間為未來做準備，是斯多葛主義中相當重要的觀念。正如塞內卡所言：「每個人都會有更大的勇氣去面對早已做好準備的危險，並透過及早思量來抵抗更加嚴峻的情況。毫無準備的人即便在最微不足道的困難面前也會驚慌失措。」

今天的投資是我們沉著面對明天的力量，我們必須具備塞內卡所說的心態，才能建立長久的財富。接下來我將介紹三個方法幫助你善用複利的力量。只要遵循這些方式，你的財富自然會愈來愈多。

1. 提升「時間報酬率」

偉大的投資人彼得・林區和大眾分享了許多關於投資、金錢和商業的寶貴教訓，但最精華的教訓攸關生活：「問題是要投入太多時間，我一週工作六天都還是不夠。」

　　時間不是再生能源，耗費掉的不能重來。當你時刻謹記這一點，就會考量時間成本，做出不同的決定。你會思考：「我花時間做這件事情能獲得什麼？」你必須問問自己當下做的事情到底值不值得。塞內卡說得很明白：「我不會讓任何人奪走一天，除非對方能為這份損失補償同等回報。」

　　這不表示我們就該錙銖必較，只選擇對自己最有利的事情。斯多葛主義者只是主張人應該謹慎看待並充分善用時間。以林區為例，這表示和家人共度時光。雖然花時間研究各家公司可以帶來收入，但與家人共享的時光才能帶來更多快樂、心靈能量與價值，所以他毅然揮別工作。

　　我們可以把這個概念形容成「時間報酬率」（return on time，簡稱 ROT），相對於衡量金錢投資回報的「投資報酬率」（return on investment，簡稱 ROI）。

- **投資報酬率**：投資的每一塊錢，能換來幾分回報。
- **時間報酬率**：花費的每一小時，能換來多少能量。

做決定時要先考慮後者，看看你正在做的每件事的替代方案，然後思考：「其他選項能為我帶來更高的時間報酬率嗎？」

被動投資的替代選項是主動投資，這個替代方案值得嗎？多數人考量到戰勝大盤的機率微乎其微，加上親自選股會耗費大把時間，最後都搖了搖頭，選擇不用花時間操作的被動投資。

愛因斯坦曾說：「複利是世界第八大奇蹟。」這麼說真的不為過。不用付出時間成本，就能讓金錢自動複利，聽起來似乎完美到不太真實，但天底下確實有這種事。

2. 現在就開始投資

斯多葛主義經常談論這個主題：如果你想做一件有價值的事情，馬上行動。如果一件事不值得費心，那就大膽捨棄。愛比克泰德有次告誡學生：「不要再找藉口拖延了，這是你的人生！」他邀請學生們立刻擔起責任，將斯多葛主義融入生活。然而，即便知道立即行動的好處，我們還是傾向推遲重要的事情。

　　想要克服拖延沒有訣竅或捷徑，套句愛比克泰德的話，你必須「下定決心不再讓自己失望。立志成為不凡，立刻採取行動。」。

　　斯多葛哲學家敦促我們追求卓越，他們明白依循斯多葛主義的價值觀生活將使人快樂，像樹懶一樣生活則是最糟糕的事情。

　　想要成為自律的投資人也是如此。持之以恆投資的人在十年、二十年甚至三十年後回顧來時路，將會感謝自己起步得早。希望到時候這個心滿意足的人就是你。

　　如果你想等待收入更高、轉換跑道、付完房貸、獲得升遷或結婚之後再開始投資，你只是在找藉口。

　　切記，**投資是一種習慣**。重要的不是你投入多少錢，而是讓投資成為生活的一部分，每個月都毫不猶豫地進行投資。如果你還沒踏出第一步，現在就開始吧。最簡單的方式，就是透過銀行或券商開立證券帳戶，買進追蹤標普500 指數的 VOO。

3. 降低投資成本

累積長久財富的過程中，最大的絆腳石就是各種成本和管理費用。金融產業和其他任何產業一樣，也必須追求獲利。

如果散戶沒有意識到自己因為各種成本而交出的收益多麼可觀，那就傷腦筋了。有些人誤以為金融產品和服務都是免費的，頂多買賣時付個單次交易手續費，那真是大錯特錯。散戶投資人必須留意以下幾個最常見的成本。

- **交易費用**：投資人進行買賣時支付給證券商、銀行或仲介的費用。

- **總費用率**：ETF 或共同基金的年費。ETF 的費用通常低於總資產值的 1%，而主動型基金因為有經理人負責管理，費用通常介於 0.5% 至 1%。

- **佣金**：如果你透過專業顧問或理財機器人協助理財，則必須將佣金納入考量。顧問費用通常為每年管理資產的 1% 或更多，而多數理財機器人的費用為每年 0.2% 至 0.5%。

- **稅金**：如果你的資產放在應稅帳戶（401K 或 IRA 以外的帳戶），可能就需要支付資本利得稅。美國納稅義務人投資 ETF 時，只有在買賣價差賺得獲利時需要繳資本利得稅。共同基金的結構則通常意味著可能需要繳納資本利得稅。

我喜歡指數基金，特別是先鋒領航的產品，就是因為這種投資方式成本最低，不必負擔經理人（彼得‧林區的角色）和相關後勤人力的費用；這類基金的費用不高，通常約 1％或更低。而低成本的指數基金費用通常低於 0.1％，也就是主動型基金費用的十分之一。

這些成本數目乍聽之下微不足道，但每一年的小數目積少成多，一輩子下來就挺可觀的。

舉例來說，A 買了 VOO，一年負擔 0.03％的總費用率，而 B 買了總費用率 0.75％的主動型基金。

假設兩人最初的資本都是 1 萬美元，三十年來堅守各自的策略，享有每年 10％報酬，而且每個月也都多投入 500 美元。以下是他們的投資組合三十年後的樣子：

A：1,154,447.96 美元。

B：999,085.61 美元。

兩者之間 15 萬美元的差距，正是複利的力量。哪怕是細微的差異，也能造成顯著影響。

沉思片刻……

既然人終將一死，留芳百世好過庸碌漫長。

——莫索尼烏斯·魯弗斯

想像自己臨終的那天，為世界留下這輩子長久投資而累積的滿缽財富。這筆資產是永恆的貢獻，可以超越生命維度，改變許多人的一生。你感到心裡踏實滿足，並且安詳辭世。

章 節 重 點

◉ 讓金錢增長。運用複利的力量累積財富,不要時時憂心
投資表現。你的報酬會度過一段「桿頭時期」才開始變
得殷實。

◉ 時間報酬率比投資報酬率更重要。時間是最重要的非再
生資源,所以我們應該努力最大化時間報酬,而非投資
報酬。為了多賺幾個百分比的收益而付出的時間成本,
通常得不償失。

◉ 選擇可以帶給你能量的事情。生命稍縱即逝,不該忙著
追逐金錢。投資的同時,也要投身真正熱愛的事情。

◉ 不要猶豫,立刻投資。世上總有千百個不投資的理由,
但大多只是藉口;現在就開始養成習慣,優先實踐重要
的事情。

◉ 降低投資成本。看似微不足道的 1%,長久下來也會成
為可觀的數目,所以別忘了考量投資成本。

第 11 章
相信你的判斷

　　當你投入大量時間學習投資和累積財富的方法後，就不需要再聽從別人的意見。你可以相信自己。作為自身財務狀況的最終管理者，務必相信自己的判斷並全然負起責任。欣然採納自己對投資策略的見解，並對行動充滿信心，因為它們來自邏輯，而非運氣。這種心態將帶來力量，讓你自信地累積財富並實現長期財務成功。

🚩 拋開「史上最強投資人」的束縛

　　史丹利・卓肯米勒於 1953 年出生在匹茲堡一個中產家庭，1975 年取得緬因州鮑登學院的英語和經濟學學士學位。他短暫攻讀經濟學博士後決定中斷學業，到匹茲堡國家銀行（Pittsburgh National Bank）擔任證券分析師。

　　短短三年後，二十八歲的卓肯米勒就創辦了自己的對沖基金杜肯資本管理（Duquesne Capital Management），表現一鳴驚人。僅僅三個月內，他的一檔基金飆升 40％，讓這位年輕經理人在華爾街聲名大噪，並且得到了量子基金（Quantum Fund）創辦人喬治・索羅斯（George Soros）的關注。量子基金是當時規模名列前茅的對沖基金，1987 年的資產管理規模超過 20 億美元。

　　五十七歲的索羅斯在創造了漫長又傳奇的商業生涯之後，希望退出他的基金，轉而投注更多心力到慈善事業。索羅斯在 1969 年以 400 萬美元（其中自掏腰包 25 萬美元）成立了自己的基金，1970 到 1980 年代早期，索羅斯靠著基金的可觀規模，逐漸在金融界闖出一席之地。當年的對沖基金規模不比今日，資產管理規模通常只有數千萬美元，但索羅斯麾下掌管數十億美元。1987 年，他出版著作《索羅斯金融煉金術》（*The Alchemy of Finance*），名聲更上一層樓。卓肯米勒當然拜讀了這本書。1988 年，索羅斯邀請當時三十五歲的卓肯米勒入職量子基金時，他欣喜若狂之際也格外謹慎。卓肯米勒知道索羅斯給出的待遇一向慷慨，但也會毫不留情地辭退表現不佳的員工。卓肯米勒向幾位良師益友徵詢意見，所有人都勸他拒絕。

何必為了一個嚴厲無情的老闆，放棄自己原有的基金和自由？但索羅斯求才若渴，因此提議：卓肯米勒在量子基金工作時，可以繼續管理自己的基金。

卓肯米勒再沒理由拒絕了。打從一開始，他就十分渴望向經驗豐富、他尊稱為「史上最強投資人」的索羅斯學習。但敬佩也有代價，畢竟索羅斯戰績彪炳，卓肯米勒有不同意見時怎敢出言反對？他後來反思：「即便接受世界上最傑出的投資人指導，如果對方涉入過深，打壞你的投資節奏，這也是種阻力，而非助力。」

索羅斯很難放手讓別人接管基金，即便是他選任的繼任者也一樣。最終，卓肯米勒在量子基金第一年的表現不如自己預期，他的壓力愈來愈大，索羅斯也頻頻向他施壓。雖然卓肯米勒不是個膽小怕事的人，但他實在無法讓索羅斯信任他的決策。1989 年 8 月，他壓抑已久的情緒終於爆發，因為索羅斯擅自作主，賣掉了一個卓肯米勒很想保留的債券部位。

卓肯米勒感覺自己被人捅了一刀，對著索羅斯大吼：「你的存在讓我幾乎無法呼吸！」兩人經過一番激烈爭吵，卓肯米勒最後結論：「我要離職。」

這是索羅斯的人生轉捩點。他真想繼續獨掌量子基金的大權嗎？還是他終於願意鬆手把權力交給別人？「不要離職，」索羅斯回答，「我退出。」

於是，卓肯米勒獲得了自主權，開始自由發揮才華，不必再聽命於人。1989 年底，量子基金的資產增加 31.5％。隔年，卓肯米勒再推動基金成長 29.6％，1991 年更是增加到 53.4％。

這讓索羅斯印象深刻，「事實證明，這是個很棒的決定。我們連續三年戰果豐碩，成就這檔基金史上的另一個黃金年代」，在讓卓肯米勒接任後他如此回顧道。

量子基金的名聲在 1992 年歐洲貨幣危機期間達到巔峰，為他們再建傳奇。危機期間，卓肯米勒協助索羅斯大手放空英鎊。1992 年 9 月 16 日，英國政府被迫退出歐洲匯率機制，使得英鎊一瀉千里，當天被英國人稱為「黑色星期三」。

　　量子基金因此在一個月內就獲利 10 億美元。而索羅斯有多迷戀鎂光燈，卓肯米勒就有多低調，於是媒體開始把這筆輝煌戰績歸功於索羅斯，稱他為「讓英格蘭銀行破產的男人」。

　　他們的事業一路順利，直到 1990 年代晚期，儘管索羅斯早已向卓肯米勒再三保證，他仍然很難控制自己干政的欲望。他聯絡卓肯米勒，催促他擴大科技股的部位。

　　卓肯米勒沒什麼信心，形容自己對科技產業如同一隻「遲鈍的恐龍」，因為科技股的表現模式跟他熟悉的資產類型不同。然而他還是受到動搖，買進了科技股。這個過程中，或許也有自尊心作祟。科技蓬勃發展的那幾年，卓肯米勒眼見比量子基金投資規模更小、資金更少的科技公司價值翻漲數十倍，錯失良機讓他心裡很不是滋味。

　　卓肯米勒不認為自己是科技領域專家，所以從矽谷聘請資產管理師卡爾森・李維（Carson Levit）來協助他。這是卓肯米勒第一次把決策權交到別人手中。量子基金的投資風格開始產生轉變。卓肯米勒只買他認為價格合理的資產，但李維不一樣，他願意砸天價買膨脹的科技股。

在李維的指導之下，卓肯米勒建立起網際網路股的投資組合，並做空包括西爾斯百貨（Sears）和固特異輪胎（Goodyear）在內許多「傳產」藍籌股，因為他們相信隨著科技公司上漲，這些藍籌股公司會開始走下坡。事實證明，他們的策略是正確的，1999 年底，量子基金的報酬率為 35%。

快速的回報讓他們欣喜不已，卓肯米勒再次心癢，決定加倉科技股。這次他重押威瑞信（Verisign）。2000 年 2 月底，威瑞信的股價上漲到 258 美元，卓肯米勒相信還沒觸頂，儘管 3 月初該公司股價下滑到 240 美元，在他看來只是短暫回調，所以仍花了 6 億美元買進更多股票。一個月後，那斯達克大挫，威瑞信跌至 135 美元，和三月時相比重挫了 44%。

量子基金被陰影籠罩。為了緩解壓力，場內交易員紛紛開始玩起酷拾球 [8]，卓肯米勒比以往更常上健身房，但其他時間裡，他都待在辦公室安靜地盯著市場動向。

8　酷拾球（Koosh ball），2000 年代初很受歡迎的橡皮毛球。

　　面對這麼龐大的損失，索羅斯沒辦法再袖手旁觀。他更加頻繁地打電話給卓肯米勒，兩人的激烈交鋒持續上演。而威瑞信逐步瓦解的同時，另一盤賭注更讓情況雪上加霜。卓肯米勒做空的標普 500 和其他傳產股也不如他預期，量子基金創傷加劇。4 月 18 日，威瑞信跌到只剩 96 美元，成為最後的致命一擊。量子基金在 2000 年下跌 22%，並且總資產相較於 1998 年的 220 億美元巔峰縮水了 76 億美元。

　　李維向來會在早上七點問候卓肯米勒：「今天好嗎？」但是那天，卓肯米勒的回答不同於以往：「什麼叫做『今天好嗎？』我們搞砸了一切，你覺得我今天好嗎？」當天下班前，卓肯米勒遞出了辭呈。

　　許多人認為卓肯米勒是歷史上數一數二的投資人，但他犯了一個錯誤，那就是任由別人的意見凌駕於自己的判斷。他背離自己的想法，代價就是交出當時最大型對沖基金的權柄。

🔖 提升判斷力

判斷是靠著可得資訊和選項，經過一系列評估權衡，最後做出有憑有據且合理的決定。優秀的投資人需要具備良好的判斷力，因為未來不可預測，只能憑既有資訊做出決策。

卓肯米勒早期在量子基金做出了許多正確決策，他憑藉自己的判斷，有信心要求索羅斯別再插手干預。然而十年之後，他卻不再信任自己，科技股上漲時，他應該聆聽內心最初的判斷，遠離這一局。

1999 年 3 月，當市場飆升時，卓肯米勒向量子基金的內部團隊表達擔憂，「市場看來不太對，我們應該撤出一些部位。我可不想當第二個史坦哈德（Michael Steinhardt）」。麥可・史坦哈德是鼎鼎有名的對沖基金經理人，後來因為在 1994 年損失慘重，隔年結束了漫長的商業生涯。

卓肯米勒明顯反對參與這場網路泡沫，他知道泡沫早晚會幻滅。但背負著拯救量子基金的壓力，他最終決定聘請另一個人，把科技股的相關決策權拱手讓人。卓肯米勒忽視自己的判斷，最後使量子基金捲進了這場災難。

正確的判斷能讓我們獨立自主並貫徹始終，因此在哲學和投資領域中，正確判斷都是最重要的一環。那麼對斯多葛主義者而言，何謂正確的判斷？很簡單，在做決定時謹記斯多葛的核心原則。以下三個策略，可以幫助你提升判斷力。

策略 1：尋求純粹的判斷

投資人查理・蒙格曾說：「在意別人的賺錢速度比自己快，是一種致命的過失。忌妒是愚蠢至極的原罪，會帶來許多痛苦，卻毫無樂趣。為什麼要跳進忌妒的深淵？」但是 1999 年到 2000 年間，量子基金的團隊們無法抵抗深淵的吸引。

這世上大概找不到第二個像卓肯米勒這麼謙遜又懂得自我反省的投資人了，他最終發現重押科技股根本大錯特錯，並在辭職十天之後說：「如果能像麥可・喬丹（Michael Jordan）那樣功成身退一定很棒，但我太高估自己了。」

他受到情緒煽動，擔起平常根本不會接近的風險。斯多葛主義認為人必須抽離判斷當中的情緒成分。他們認為判斷有兩種：

1. 價值判斷：受情緒影響的判斷。
2. 純粹判斷：不受情緒羈絆，全然理性的判斷。

那麼，要如何做出純粹判斷？馬可・奧理略說：「選擇不要受到傷害，就不會感到受傷。而不感到受傷，就不會受到傷害。」一旦你說自己受到傷害，就會真切地感到受傷。但如果你可以忽略傷害，拿掉情緒濾鏡，檢視事情的本質，就是純粹判斷。

以日常生活舉例吧。假設今天是業績考核日，你的考核結果不如預期，老闆給你負面評價。回家後你告訴另一半：「我今天得到了糟糕的回饋。」奧理略說我們應該排除情緒成分，把這句話改成：「我今天得到了回饋。」

仰賴個人主觀意見會讓人忽略市場實際情況，這是許多投資人經常犯的錯誤。例如，相信某個產業將變得炙手可熱，所以出手重押產業內的多家公司或某一檔 ETF。但是一陣子過後，這些公司公布的季度營收竟然大幅下滑；更糟的是，公司還坦白前景不樂觀，短期內很難轉虧為盈，這則壞消息拖累了股價。你被自己對產業的樂觀想法給蒙蔽，沒注意到真實情況。

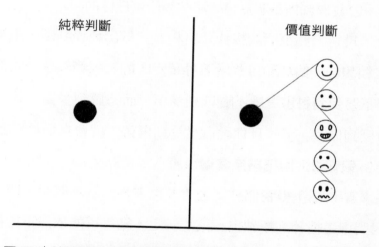

| 圖 10 | 純粹判斷是不受情緒羈絆且全然理性的，而價值判斷總帶著主觀想法或感受。

2022 年的區塊鏈產業發生的事情就是如此。區塊鏈是一種不需要中間單位就能安全地記錄和追蹤資料的技術。早先幾年，因為加密貨幣和去中心化金融十分熱門，

推動一票區塊鏈公司爆炸成長。但是到了 2022 年，Riot Blockchain[9]、Marathon Digital Holdings 和 Coinbase 等在該產業中的著名企業從巔峰榮景暴跌 90％甚或更多。許多投資人疏於研究，不知道絕大多數區塊鏈公司缺乏長遠的商業模式，反而聽信輿論，以為區塊鏈和加密貨幣會延續 2020 年和 2021 年的氣勢。

投資人必須能夠根據資料和事實做出純粹判斷，不被主觀想法、情緒和自尊牽著鼻子走，因為我們的想法可能錯誤，但資料永遠是正確的。

策略 2：別把結果看得太重

結果由不得我們控制是斯多葛主義的基本概念。即便我們透過純粹判斷做出正確的決定，結果可能依然不如自己所願；反過來說也一樣，有時候糟糕的決定卻能帶來美好的結果。

但身為斯多葛投資人，我們的目標是做出明智決定，然後別把結果看得太重。這不表示做決定時要完全不顧後

9　現已更名為 Riot Platforms。

果，而是一旦做出了決定就該放下，不要擔憂接下來會發生什麼事。更重要的是，**如果明智的決定沒有爲你帶來理想結果，你也不該自責。**

正如塞內卡所說：「靈魂的悲劇莫過於對未來感到擔憂，對不幸的預期感到沮喪，以及被永遠享有帶來快樂之事物的急切渴望吞噬。因為這樣的靈魂長久不得安息。在等待未來的過程中，它將失去眼前可能享有的祝福。對失去某樣事物的悲傷，與失去它的恐懼並無二致。」

斯多葛主義者的目標，是以自己信仰的價值為決策依歸，不忌妒、不貪婪、不懼怕，在能力範圍內盡力獲得好結果，而實際的結果由不得任何人。卓肯米勒也希望自己能像贏了六屆 NBA 總冠軍的喬丹一樣光榮退休。

卓肯米勒沒有被網路泡沫擊垮。他在量子基金工作期間從未把杜肯資本的主導權交給任何人，所以他離開量子基金之後，便再次全心投入杜肯資本。杜肯資本從來沒有虧損年，即便在量子基金的低潮期和 2008 年金融海嘯期間也沒有。

一旦我們不再執著於結果，就能把所有時間和精力投

入眼前的資源，在能力範圍內盡力做出決定，而打定主意
之後，就毫不焦慮或懊悔地繼續前進。

策略 3：承認自己的弱點

挑別人的毛病很簡單，但如果要自省錯誤或壞習慣，
我們經常視而不見。或許是自尊心作祟，讓我們不願承認
自己並非無所不知，也可能誠實面對自我會帶來太多痛苦。
坦白說出「我不知道」確實很困難。很多時候，我們只是
從別人那裡聽到投資訣竅，然後沒想太多就做出決定。

投資人孫正義以無懼的作風聞名。雖然他多次失利，
但也有不少驚人成績，其中最著名的投資案例就是阿里巴
巴集團。他在 2000 年以 2,000 萬美元投資阿里巴巴，2018
年這筆交易如吹氣球般膨脹到 1,300 億美元。不論外人看來
他的押注多麼驚險，他其實有一套自己的方式。他的策略
是去了解新科技，並在這些標的走進主流市場之前就發動
投資。

但即便這樣有謀略的投資人也會犯錯。孫正義接受《紐
約時報》記者安德魯・羅斯・索爾金（Andrew Ross Sorkin）

的訪問時表示，有次一位朋友建議他把個人資產的 1% 投入比特幣，所以他花了 2 億萬美元試試水溫。「我每一天都在看著價格上上下下，然後我想這樣不行，這東西我不了解。我的注意力也受到了影響。我每天至少花五分鐘在看價格，然後我想這分散了我的注意力。等一下可能會漲、也可能會跌，但哪怕只有一分鐘，我也不想再花時間盯著價格。所以我決定，不管了，不管什麼價格我都要脫手。最後我虧本退出，但感覺輕鬆多了。」

雖然孫正義投資比特幣以虧損收場，至少他可以回頭專注於科技公司的投資。孫正義有足夠強大的心智，敢於承認自己不懂比特幣，並且接受最終的結果。

要相信自己的判斷，就必須先認知到自己的能力範圍。這沒什麼好丟臉的。即便最經驗老到的投資人也不碰不熟悉的領域。但在遠離不熟悉的領域之前，我們必須誠實承認自己並非無所不知。這股自省的力量會帶領我們在真正擅長的領域取得更美好的成果。

沉思片刻……

人們試圖逃離一切，逃到鄉間、海岸、山林。

你也一樣，總是渴望逃離。

這種渴望是荒謬的：你隨時都可以逃離……

但世上沒有哪個地方，

比你的心靈更平靜、更不受驚擾。

——馬可・奧理略

接受教育並成為全面發展的人，是為了獨立自主。不要害怕人生中不可避免的重大財務決定。

為自己做決定，為自己管理財富，即便你委託了金融顧問或管理公司，也應該以這些專家為目標，自我充實理財知識。

根據你對自己的了解，找出熟悉和不擅長的領域，不低估也別高估自己的能力。

別忘了，世界上沒有任何人會比你更關心你的財富。

章 節 重 點

◎ 獨立思考，依賴自己的判斷做出決定。正確的判斷是經過深思熟慮後的決定。

◎ 做出純粹判斷。讓你的決策以事實為依歸，做出理性且不帶有個人想法的判斷。

◎ 別把結果看得太重。一旦拿定了主意，就不要執著於結果，並且不論發展好壞都欣然接受。

◎ 找出自己的弱點。人生有限，我們不可能深諳金融世界的每一個角落。最出色的投資人也有不熟的領域。明白自己對哪些事物不熟悉，反而讓人可以更專注於熟悉的事物。

第 12 章

堅守策略

　　即使你有世上最完美的投資策略，如果不長期堅守，也無法累積任何財富。市場上有千百種投資工具，沒有哪項工具能保證豐收，你的投資行為才是左右成果的關鍵。在累積財富的道路上，你會聽到許多與你意見相左的建議和方法。這種時候，對眼前道路堅定不移的信念，可以推動你繼續邁開步伐。只要穩定向前走，你不但能建立穩固的財富，還可以超越其他散戶，甚至超越多數專業經理人。

自我投資的回報時刻

　　1964 年，莫尼斯・帕波萊出生於孟買，周圍盡是貧窮。他和家人住在每月租金 20 美元的小公寓，他的父親奧姆・

帕波萊（Om Pabrai）是位經歷多次破產的商人。

雖然看著父親屢戰屢敗不太好受，但帕波萊親眼見證了堅持的重要性。他記得父親長期頂著瀕臨破產的壓力仍展現出堅忍心志：「我父親曾這麼說：『即使把我赤身裸體丟到荒郊野外，我也能創造一番事業。』」

可惜這股樂觀的精神並沒有立刻換來相應的回報。帕波萊的童年困頓拮据，他眼睜睜看著父母多次失去積蓄。「我說的『失去積蓄』是甚至沒錢買隔天的食物、沒錢繳房租。」帕波萊回憶道。刻苦的童年激勵他努力向學，他以全班第三名的成績從高中畢業。

高中畢業後，父親希望他能幫忙家裡的事業，但他受到高中時期的優秀成績鼓勵，心中另有規劃。他不想跟著父親工作，也不想留在家鄉讀大學，而是想去美國深造，認為那裡有更多致富的機會。於是在 1983 年，帕波萊進入南卡羅來納州的克萊門森大學，主修電腦工程。他在金融課表現優異，有位教授甚至建議他轉換跑道。

但帕波萊不想改變自己規劃好的道路，所以沒把這建議當回事，繼續完成了學業。1986 年畢業後，他在網路科技公司泰勒（Tellabs）的研發部門工作。五年後，他喪失熱忱，意識到是時候做出改變了。他不想再受僱於人，想成為企業家——這正是他當初離家的理由。

他竭力避免重蹈父親的覆轍，所以沒有貿然辭職，而是先在工作之餘經營自己的公司 TransTech，向客戶提供 IT 顧問服務和系統整合服務。十個月後，這項副業已經足以支撐他的收入，讓他有信心全職投入，才就此揮別了泰勒。

1996 年，TransTech 成立不到六年就榮登《公司》（Inc.）雜誌 500 大企業。當時帕波萊收入豐足，有 100 萬美元存款。某一天，他在倫敦的希斯洛機場候機時買了彼得・林區的《彼得林區：選股戰略》，了解到複利的力量和長期投資的方法。

除此之外，他也從書中認識了巴菲特，驚豔於巴菲特竟能靠股票積聚如此豐厚的財富，因此興起效法之心。讀完《彼得林區：選股戰略》之後，帕波萊開始大量閱讀所有關於巴菲特和他的商業夥伴查理・蒙格的書籍。接下來幾年，帕波萊採用兩位前輩的價值投資策略，也收穫了富饒的成果。

　　帕波萊持續推動 TransTech 成長，但也發現自己的熱情已經轉向股市。1999 年的某個星期一早晨，他睜開眼睛，卻對自己一手建立的事業提不起勁。當時 TransTech 已是一間獲利穩定成長的成熟企業了。

　　帕波萊知道自己想全心投入投資，而非繼續 TransTech 的工作或再創新業，於是他在 1999 年網路泡沫的巔峰時期以 2,000 萬美元賣掉了 TransTech。

　　接著，他用自掏腰包的 10 萬美元，以及其他八位夥伴的 90 萬美元，成立了帕波萊基金（Pabrai Funds）。雖然他對自己的投資技巧和策略很有信心，他還是謹慎行事，不冒險砸光積蓄。

　　接受他人的贊助不全然是好事。投資人把錢交到你手上，總期望能在一、兩年內看到成果，但帕波萊堅定採取長遠眼光，嚴格遵循價值投資。

　　帕波萊明白巴菲特的成功祕訣在於對策略的堅持。每個人都能從葛拉漢的《智慧型股票投資人》學到價值投資，也能從關於巴菲特的無數書籍學到股神的祕訣。價值投資不是什麼祕密，只需要找出價值被低估的標的、買股票，

然後靜靜等待。其中，等待是最困難的部分，價值投資者
通常會在這個階段功虧一簣。

　　而帕波萊完全沉浸在價值投資當中，恪守這條路線，
從未偏離一分一毫。他反而樂見多數投資人不貫徹始終。
「我的對手根本連規則都不知道，這對我來說是好事。」
帕波萊很自豪能徹底執行他稱為「當道投資」（Dhandho）
的策略；Dhandho 是古加拉特語[10] 的「財富」。

　　當道投資和價值投資的選股方向一致，但前者除了最
大化報酬之外，也特別著重於降低風險，而這和帕波萊的
人生經歷有關。身為一位移民，他覺得自己擔不起一絲風
險。巴菲特的公司波克夏偶爾還會投資雪花（Snowflake）[11]
等科技新創，帕波萊則只追蹤擁有長久成功歷史的公司。

　　儘管風險承受力較低，但他仍然證明了自己的實力。
帕波萊基金從 2000 年至 2018 年的報酬率達 1,204%。

　　為了落實這個策略，帕波萊必須有說「不」的勇氣。
如果他找不到具有投資價值的公司，那麼他就按兵不動，

---

10 印度的一種官方語言。
11 總部位於美國蒙大拿州的科技公司，主要透過雲端運算技術，提供企業資料儲存
　　和分析服務。

維持原本的投資部位。2008 年市場崩盤期間，他投資了十間他認為價值被低估的標的，其中包括巔峰航空（Pinnacle Airlines Corp）、航空運輸服務（Air Transport Services）、泰克能源（Teck Cominco）[12] 和馬頭控股（Horsehead Holding）等沒沒無聞的公司。這筆投資在 2008 到 2009 年金融海嘯期間報酬率超過 200％。接下來三年，帕波萊沒有任何投資動作。2011 年，他只買兩檔股票。2012 年，再買三檔。沉寂一年後，2014 年也只買了少數幾檔股票，從未背離低風險原則。

　　帕波萊的故事向我們展現了只要能對自己的投資策略持之以恆，人人都能建立財富。他沒有背負太大的風險，也沒有什麼了不起的竅門。他採取價值投資，專注於降低風險，並堅定地實踐。

⚑ 如何把計畫貫徹到底

　　持之以恆地實踐是成功的關鍵因素。愛比克泰德說：

12　現已更名為 Teck Resources Limited。

「一旦決定做一件事，就該堅持到底，將它視為必須完成的責任。別去管他人的言論，這些不該影響你。」

你採用哪種交易技巧只是其次，**堅守路線並徹底實踐到極致才是重點**。事實上，經得起考驗的投資方式也就以下四種，幾十年來大家早已不陌生了：

1. **技術分析和動量交易**：在 20 世紀初因傑西・李佛摩等交易員而形成熱潮。技術分析是指交易員仔細從歷史市場數據找出趨勢，以預測未來漲跌。

2. **基本面分析**：因 1930 年代班傑明・葛拉漢提出價值投資而蓬勃發展。基本面分析即專注於分析一家企業的財務和其他經濟活動因素，以判斷其內在價值和成長潛力。成長型投資即是基本面分析的一種形式，重點關注未來具強勁成長前景的企業。

3. **量化投資**：因愛德華・索普的著作而在 1970 年代大受歡迎。這種方式採用數學模型、數據分析以及其他複雜的計算手段來挖掘市場良機。

4. **被動投資**：誕生於 1970 年代後期，主要歸功於約翰・

柏格。被動投資人透過購買追蹤特定指數的多元股
票或債券組合，以較低的金錢和時間成本獲得市場
報酬。

　　就這麼簡單。然而每年仍有幾百本宣稱傳授戰勝大盤
祕訣的書籍，每一本書都提出一種「新」策略，實則換湯
不換藥。

　　沒如願致富的投資人以為自己策略不對，沒看到預期
成果就急著改變方向。金融業有成千上百人會販賣宣稱是
「股市萬年不敗祕笈」的產品，而這些投資人就是他們的
目標顧客。

　　霍華・馬克斯在其著作《掌握市場週期》中就警告過
想欺騙投資人的江湖騙子：「我在四十八年的商業生涯中，
見過無數被吹捧為靈丹妙藥的方法，但沒有一個獲得驗證。
任何策略或手段，都不可能在沒有風險的情況下帶來高報
酬，尤其對缺乏高超技術的投資人來說更是如此。」確實，
如果世上真有保證成功的方法，大家早知道了。

　　成功的投資無關找出最好的策略，而是堅守有成效的

策略。你可以在生活中應用以下方式，確保自己不論景氣
好壞都堅定不移。

1. 無視外界的雜音

1999 年，股市新聞占據各大主流報紙，科技股炙手可
熱，以科技公司為大宗的那斯達克交易所，甚至斥資 3,700
萬美元買下時代廣場中心八層樓高的數位天幕。根據《紐
約時報》1999 年 12 月 29 日的某篇文章表示，這個動作「是
為了向全球市場展示那斯達克的影響力，已經可以和最大
的對手紐約證交所平起平坐」。當時，數百萬美國人對主
流媒體大肆報導的那些科技股愛不釋手。然而這篇文章出
刊三個月後，網路泡沫開始破滅。

帕波萊無視外界對科技股的吹捧，堅定跟隨彼得・林
區和巴菲特的路線，因為這些前輩有中心思想，還有數十
年始終如一的策略。比起那些被捧上天的科技股，這才真
正吸引著帕波萊。

現今的社群媒體上充斥著各種投資建議或警告，長期
投資人必須懂得辨別雜音。牛市當頭時，股市專家千方百

計讓你相信他有超越市場的祕訣；熊市壟罩時，這群專家
又說他知道如何挺過下一次危機。但其實沒人能精準預測
市場，就連最資深的投資人也辦不到。因此，無視那些大
言不慚的「專家」吧。

2. 拿自己跟不投資的人比較

理想情況下我們不該跟他人比較，但斯多葛主義者理
解這是不可避免的人之常情。看到別人更富裕、消費能力
更高時，我們不免心想「我也想跟他一樣」，而這種想法
會把人推離原有方向。

問題是偏離既有道路會對長遠的財富累積計畫造成重
挫。如果你受到「快速致富之道」的誘惑決定投入半數積
蓄，最後損失慘重的話，你得晚好幾年退休才能彌補。

當你發覺自己按捺不住比較之心時，不妨試試塞內卡
在信中分享給盧基里烏斯的小技巧。塞內卡建議我們不該
去看那些更優秀、更聰明或更有成就的人，反而該「時時
提醒自己那些你達成的事情。每次看到跑在你前面的人，
就想想那些落在你後頭的人」。

如果真要比較，不要只跟卓越耀眼的人比較，而要跟所有人比較。不論你身處哪個人生階段，總有些人沒有你所擁有的東西，想著這點就能提醒你珍惜所有並珍視自己的成就。

3. 設定可控的理財目標

帕波萊為人熟知的一點是其投資組合只有寥寥幾檔股票。截至 2023 年 7 月，他的組合只有三個持倉，其中一個美光科技（Micron Technology）就占了 77%。

他出手之前總精挑細選，一旦下定決心就大量買入。他的投資方針聚焦於設定可控的目標，不追求特定報酬數字，而是專注於研究。

我們必須以誠實到甚至殘忍的角度設定建立財富的期待值。誰不想四十歲退休？但如果二十到三十幾歲時年收入沒有達到幾十萬美元，四十歲退休大概只是癡人說夢，何況平均來說四、五十歲才是多數人的收入高峰期。

我們得考慮每個階段的收入水準以及實際上能用來投資的預算，而與其直接考慮特定數字，例如「我希望一年投資 2 萬美元」，不如以百分比來思考。

　　舉例來說，把淨收入的 30％拿來儲蓄或投資是個不錯
的目標，你還能拿剩下 70％來支撐日常開銷和娛樂。或許
在一些人生階段我們沒辦法存到 30％，那就從 10％起步吧；
但如果沒辦法存下淨收入的 10％，建議你改變生活方式，
增加儲蓄比例。

　　不論你的理財終極目標是什麼，請記得專注在你可以
掌控的部分：

- **非必要支出**：顧名思義，這指的是休閒娛樂等非必
  要的支出。
- **努力**：專注於工作與自我提升的時間和心力。擁有
  愈多技能，愈能為社會帶來貢獻。
- **持之以恆**：選擇繼續前行，保持儲蓄和投資習慣，
  即使短期內似乎看不到效果。

　　尤維納利斯曾說：「人人皆想擁有知識，但相對而言，
願意付出成本者寥寥無幾。」為更富裕的未來所付出的成

本，是今日不立即享受部分金錢。對我而言，這是個不賴的投資。

沉思片刻……

付出努力達成善事，辛苦是短暫的，善果卻會長存；

為求歡愉行羞恥之事，快樂是短暫的，恥辱會長存。

——莫索尼烏斯・魯弗斯

　　想想看你放棄艱難的專案，或是選擇抄捷徑，而不是學習新知的經驗。你的感受如何？恐怕不太好吧。

　　接著想想那些你透過努力不懈達成的重要里程碑，完成一筆大案子、取得學位、到異鄉打拚、創業、創作藝術、為你的孩子蓋一個樹屋……

　　這些成果讓人自豪，達成困難的事所帶來的成就感實在無與倫比。多專注於這些行動吧。

章 節 重 點

◎ 策略不會使你富有，執行力才是關鍵。許多投資人都在
　尋找能賺更多錢的完美策略，但世上沒有這種策略。我
　們應該追求對良好策略的完美執行力。

◎ 專注自己的道路。人們總會吹噓他們的獲利，這些沒意
　義的雜音大可忽略。

◎ 跟不投資的人比較。看到比你富裕的人時，別忘了想想
　那些落後的人。

◎ 設定可控的財務目標。每月努力存下或投資一定比例的
　收入。一旦設定好目標百分比之後，就盡全力達標。

斯多葛投資法

第 13 章
如何開始投資股票

　　塞內卡的人生可以分成兩個階段。在第一階段裡,他
接受良好教育、搬到當時西方世界的首都羅馬,並擁有漫
長的政治生涯。第二階段則從他六十二歲時決定放下喧囂
的羅馬生活開始。當時他已經累積了豐厚財富,有能力遊
遍瑰麗的義大利。

　　現代生活中,我們也努力構築相同的人生架構,在通
常被形容為「財富累積階段」的第一人生裡努力學習、賺
錢並積聚財富之後,進入退休後的第二人生。多數理財規
劃師同意人們應該在不同階段採取不同理財方法。兩階段
之間的分水嶺並沒有任何明確的年齡劃分,有些人或許跟
塞內卡一樣在六十二歲告老還鄉,有些人則否。

　　我將在這一章分享我認為可以在第一人生中採取的斯

多葛投資策略，下一章再進入退休後的第二人生。

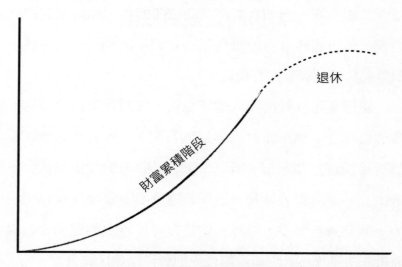

退休

財富累積階段

| 圖 11 | 我們的大部分人生都屬於財富累積階段，專注於積聚錢財。退休後，我們則依靠這些錢財度日，累積財富不再是人生的首要目標。

▶ 財富累積階段的投資策略

目前為止，這本書花了許多篇幅討論哲學主題，因為它們對投資理財至關重要。現在，我們需要了解實際的操作層面。

如果你是股票投資新手，務必先準備一筆緊急預備金。

建議這筆錢應該至少等於你半年的開銷，並且存放在一個安全的帳戶裡，例如有高利率的儲蓄帳戶。如果遇到意外情況，這份經濟後盾能幫你挺過難關。另外，千萬不該拿日常開銷的預算來進行投資。

當你有可以長期投入的資金後，需要決定投資標的。我想自己在前幾章當中已經透露答案了。投資標普 500 等於直接投資整體股市，所以市場成長時你的投資組合會跟著成長，讓你跟著獲利。這個策略幾乎不需要任何時間成本，非常適合新手。當然，你往後可以自由調整投資的複雜度和主動程度，但新手階段先把腳步踩穩比較要緊。

資金配置方面，我建議 100％投入美國股市。至少初期如此。仍在新手階段的你，沒必要買進各國股票來分散投資組合，也沒必要擁有其他資產類別徒增複雜度。你可以輕鬆單純地把資金投入標普 500 就好。

另外，請避開債券（它們的報酬較低，我將在下一章詳細討論），也避開租賃物件。後者需要花費大量時間和精力完成交易，再說房地產的歷史表現一向不如股票。當然這不表示你該終生遠離債券或房地產，如果情況適當，你或許會想涉足其他資產類別。

　　接下來，就可以開證券或退休金帳戶實際進行交易。在美國，最理想的情況是透過雇主建立 401(k) 退休金帳戶，這樣一來就能享有稅務優惠（可以向人資部門詢問詳情）。2023 年，員工最多可以向 401(k) 投入 22,500 美元，五十歲以上的員工則放寬上限至 30,000 美元。

　　401(k) 內的存款屬於遞延稅項，這表示每月存入的金額是從稅前薪資扣除，因此員工可以支付較少所得稅。部分雇主會在員工投入 401(k) 時也按比例分配一定金額給員工，進而增加其 401(k) 存款。

　　多數雇主提供的退休帳戶中，投資標的至少會有一檔標普 500 指數基金。另外，401(k) 的總投入上限其實對多數人而言都已足夠，不需要再開 IRA 等其他節稅退休帳戶。自僱者則可以向任何證券商開立個人 401(k) 帳戶，我個人建議選擇先鋒領航。

　　如果你不在美國生活，可以確認你所在國家是否有透過雇主提供的節稅投資選項。即便沒有這類保障，你仍可以透過證券帳戶購買追蹤標普 500 指數的 ETF（例如

VOO），並存放到你個人的退休帳戶或應稅帳戶。

舉例來說，盈透證券（Interactive Brokers）是一家可靠的證券商，進駐全球超過兩百個國家，我自己就使用他們的投資服務。如同現今多數證券商，盈透也提供自動投資服務，所以帳戶一旦設定完成後，就能每月定額投資。

最重要的是要確保你的投資策略簡單明瞭，讓自己沒有放棄的藉口。現在，我確定你已經站穩第一步了，下一個問題是：該投入多少錢？

🏴 我該準備多少資金？

我在第 12 章建議把淨收入的 30％拿來儲蓄，如果沒辦法存到 30％，就從 10％起步。但這表示除了緊急預備金以外，要把所有積蓄投入股市嗎？如果有購房或教育計畫呢？先把所有積蓄投入股市，需要時再變現嗎？

我不建議在財富累積階段變現任何資產。諸如買房或出國讀書等金額較大的計畫，應該從儲蓄帳戶支付，然後投資配置少一點。假設你每個月可以儲蓄淨收入的 30％，那其中 20％放入儲蓄帳戶為大筆支出做準備，剩下 10％再購買標普 500 ETF。即使投資數目不大也總比沒有好。

　　你可能以為每個月必須投入數千美元，未來才有數百萬美元保障退休生活，但真的是這樣嗎？我們來簡單計算一下。假設家戶年收入中位數為 80,893 美元，扣除各稅項之後的淨收入大約 57,000 美元。接著，以標普 500 自 1980 至 2022 年的年均報酬率 11.44％來計算。

- 每年投資 10％（5,700 美元），30 年後的報酬為 1,246,764.61 美元。
- 每年投資 20％（11,400 美元），30 年後的報酬為 2,493,529.23 美元。
- 每年投資 30％（17,100 美元），30 年後的報酬為 3,740,293.84 美元。

　　別忘了，這不包括退休帳戶的投資報酬。如果你的 401(k) 帳戶每年投資相同金額，甚至還有節稅效果，所以淨收入會更高，而無論如何，以上的投資比例選擇都足夠你退休了。

　　但問題來了：**你希望退休生活過得多舒適？**如果真要過得非常舒適，就必須如同最後一個選項，每年投資淨收入的 30％。要在生活開銷較大的時期每個月投入 30％，可能有些不切實際，但你仍然可以投入一些金額，看似微不足道的小金額，長期累積下來也是很可觀的。

　　當然，如果你的投資時間沒這麼長，就必須每個月投入更多金額來彌補時間的不足。假設三十年縮短為十五年，那麼你每年必須投入大約 32,000 美元。這數字聽起來或許有些嚇人，但大多數人的收入高峰期落在四、五十歲，所以這其實是能夠達成的目標。這時可能需要投入 30％到 50％的淨收入。有些人二十幾歲就開始每個月拿 30％到 50％的淨收入進行投資，我倒認為沒必要。人生已經苦短，何苦再為難自己？生活的平衡才是重點。

　　除此之外，以下兩個因素也能讓退休生活更有保障：

- **你基本上能獲得社會安全退休金** [13]。2023 年，美國

13　美國政府為退休人員提供的退休福利金。

退休人員平均每月可領 1,830 美元，且政府會確保給
付金額隨通膨調整。近年來社會安全退休金的漲幅
超過了通膨，舉例來說，2010 年退休人員每個月可
領 1,164 美元，至 2023 年漲幅為 57％，而同期的消
費者物價僅上漲 38％。

- **你到時候或許已經付清貸款，生活開銷也降低了。**

  2022 年，66％的美國家戶住在自有房產。許多人認
  為年輕人買不起房子，但統計資料的結果卻正好相
  反。2022 年，大約 30％的二十五歲年輕人（1997 年
  至 2013 年間出生的 Z 世代）擁有房產，這數字稍高
  於千禧世代（1981 年至 1996 年間出生）的 28％擁
  房率，以及 X 世代（1965 年至 1980 年間出生）的
  27％擁房率。

  如今，購屋自住並不能代替股票投資。除非你以更
  高價格脫手，否則將無法從中獲利。房屋交易的過
  程會產生許多成本，抵銷掉潛在收益，因此最好將
  房產視為長期居住承諾，而不是一種獲利手段。

即使你能領取的退休金額度較低或沒有房產，也不是什麼大問題。事實上，這正是你該投資股票的理由：降低倚賴政府福利和房產的風險。投資的理由是經濟獨立，退休金和房產只是讓退休生活更加舒適的額外優勢。

🏳 我需要理財顧問嗎？

透過金融顧問或理財機器人幫忙理財的話，記得要將相關成本納入考量。真人顧問費用通常為每年管理資產的1％或更多，而多數理財機器人的費用為每年0.2％至0.5％。

如果你的資金規模達到七位數，或者你已經超過五十歲，我相信真人顧問能有所助益。當你擁有大量資金或年屆退休時，熊市帶來的恐懼會放大十倍，在這些時刻裡，真人顧問值得那1％的費用。

當市場出現崩潰跡象，你焦急想著「完了！我的30萬美元要石沉大海了！我怎麼有辦法彌補這麼大一個洞？我必須趕緊止血！」時，真人顧問可以在一旁提醒你衝動賣出持股才是真正的損失，並且在你做出任何行動前花時間與你討論，而理財機器人或線上經理人只會按照你的命令行事，沒辦法提供情緒支持。

但如果你處在財富累積黃金期，則應該盡量節省成本。除此之外，你也應該全心投入生活，而不是整天考慮脫手某個資產。

如果你不是專業投資人士卻時時關注市場走向，那你就錯待生活了。去享受生活吧！構築你的職涯、建立家庭、經營友誼，然後讓投資一路伴隨著生活。

章 節 重 點

◉ 在財富累積階段將可用資金完全投入股票,這個方式的投資報酬率最高,也不需要花費太多時間。

◉ 至少拿淨收入的10%進行投資,30%更理想。實際的投資比例應根據你的生活型態調整,如果多年下來都沒辦法投入太多,未來幾年就再彌補。

◉ 不要虧待自己。只要市場的年均報酬率維持11.44%,你每年投入 5,700 美元,三十年後也能成為百萬富翁。

◉ 留意成本。看似無足輕重的小額成本經過數十年累積後,會變成你錯過的可觀收益,務必留意各項投資成本和費用。

第 14 章

斯多葛式退休

　　傳統上認為退休時期應該減少股票配置，反以債券為主，因為後者風險較低，而且報酬會反映通膨，甚至稍高於通膨，所以能替退休人士守住財庫。

　　自 1928 年到 2022 年，美國公債的年均報酬率 4.87%，同時期股市的年均報酬率則約 10%。債券和股票有個基本差異，就是前者的波動較低，所以假設你在景氣最有利的情況下棄股投債，等於犧牲 5% 收益來換取穩定。

　　但是身為斯多葛投資人，退休後仍然可以應對股市波動，畢竟波動性就是你為了潛在的更高獲利所承擔的代價。只持有債券不但不會真的比較安全，也沒辦法累積更多財富。我們可以看一下獲利和通膨之間的安全邊際。

　　假設通膨率 3%，則股票的安全邊際有 7%，債券僅只

1.87％。在我看來，債券並沒有比較安全，甚至通膨更高時情況會更加嚴峻。

　　為什麼股票表現優於債券呢？投資人買了債券（成為「債券持有人」）等於借錢給公司、政府或任何實體，也就是「債券發行人」。作為交換條件，發行人會定期支付利息並承諾將來某一天（到期日）償還最初的借款金額（本金）。債券持有人擁有一份保證償還本金的法定合約，所以比股票持有人更有保障。

　　然而，當景氣大好、債券發行人表現良好時，債券持有人沒辦法分得半杯羹。另一方面，股票持有人可以共享景氣盛況，雖然波動性較高，但其實不等於風險較高。如果一家公司失去償還能力而違約，債券持有人仍可能拿不回任何一毛錢。

　　基於這些原因，股票以稍高一點的風險換取顯著的報酬，仍是退休時期保值和增值的好選擇。如果你非常希望降低波動性，那就選擇常見的「股六債四」策略，將資產配置 60％ 到股票，另外 40％ 給債券。

🏷 兌現時機和方式

　　講到提領率（退休後每年從帳戶領出的生活費），專家學者經常提到「X％法則」，其中最常見的是「4％法則」。但我認為提領率不該是個固定數字，應該如同人生具有彈性。如果一位退休人士某一年確實需要提領6％來支應生活，4％法則只會讓他苛待自己；從另一個角度來講，如果2％已經足夠，也沒必要領到4％。

　　退休後保持生活彈性很重要。塞內卡說得很好：「我們應該讓自己保有彈性，才不會過度依賴既定計畫。」退休時期有幾個理財重點：

- 計算每個月的生活開銷。
- 將退休金或其他退休後的收入納入規劃。
- 每月從401(k)或個人證券帳戶提領生活費用（不要一次提領一年份）。假設你每月所需生活費用為3,000美元，那麼就在每月的第一個交易日賣掉等值的股票。

- 儲蓄帳戶中依然保持等於半年開銷的緊急預備金，以避免緊急拋售股票。
- 不論股市上漲 10% 時一年提領存款的 6%，或股市灰暗時一年只提領 3% 或 4%，都完全不要緊。

你已經了解股市和投資世界的運作規則，所以可以根據每年的狀況調整你的提領率。但千萬不要耗費太多時間和精神去分散配置或降低風險，為了相同的報酬去追求低波動不值得。身為一位斯多葛投資人，你的優勢正是對波動的免疫力。

活在當下

人生最深沉的悲哀莫過於某天早上醒來，然後想著：「為什麼我沒有早點去做真正熱愛的事情？」我在每一位年入六旬的親人身上都看到了這點懷悔。

塞內卡曾說：「很多人說『五十歲時我將頤養天年，六十歲時我將遠離俗世喧囂』，但你怎麼保證有這麼長久的人生呢？」

　　你可以存錢、投資、規劃一切，但你沒辦法掌握壽命。
過個充實的人生吧。放眼於未來，但活在當下。大多數人
卻恰好相反，心思總飄到遙不可及的未來，告訴自己等到
賺夠錢、升遷、拿到畢業證書、找到真愛之後再來享受生
命的美好，因而忽略了眼前真實的生活。

　　多數人如塞內卡的優雅描述「臨至生命盡頭才準備好
去過真正的生活」，臨淵凝視死亡時才領悟生命的短暫。
生活中的每一步都不該忘了未來不可預料，雖然要堅守計
畫，但不要等待「完美的那一刻」才開始好好生活，因為
生活不在遠方，而是在你的眼前展開。

章 節 重 點

◉ 如果希望在退休期間最大化收益，那麼將100％的資金
　都投入股票。斯多葛投資人可以坦然因應市場波動，要
　在沒有過高風險的情況下最大化收益，這麼做就對了。

◉ 較保守的退休人士可以採取「股六債四」策略，雖然收
　益稍低，但可以減輕市場波動造成的心理壓力。

◉ 逐月提領生活費用，千萬不要一次大賣股票換來一整年
　的生活費。

◉ 投資時不要去想退休生活。只要每個月持續投資，退休
　後的財務情況就能保持穩健。

第 15 章
90／10 投機法則

　　許多被動投資或個人理財書籍堅決反對股票交易，主張大部分股票交易員和對沖基金經理人都沒辦法超越市場，所以股票交易根本不切實際。它們還進一步認為沒有任何人能勝過大盤。這很明顯是不對的。勝過大盤只是極度困難且費時。而這正是我想透過這本書提出一個簡單的投資策略的原因。

　　如果你對股票交易充滿好奇也願意投入努力，你仍然可以從中獲利。困難並不等於不可能。如同馬可・奧理略所說：「若某件事對你來說難以完成，勿以為此事對人類而言不可能；若某件事對人類來說為可能且符合本性，則當視此事亦能由你完成。」

　　自從我接觸股市相關知識以來，就深受交易的概念吸

引。隨著年歲增長，我逐漸了解自己不走冒險路線，所以
就透過「90／10 投機法則」來約束自己：

**僅把 10%的投資組合配置給投機項目，以限制虧損的
範圍。**

也就是說，我投入股市的每一塊錢當中有 90 分買進標
普 500 長期持有；另外 10 分則進行投機，這 10 分可能會
翻倍變 20 分或完全歸零，無論結果如何，都在我的承受範
圍。這個法則讓我可以追求比較大膽的交易，同時確保自
己不會血本無歸。

別搞混了，「投資」和「交易」（或「投機」）是兩回事，
前者是買進並持有股票，後者則是期望透過買賣價差獲利。
優秀的交易員通常不是優秀的長期投資人，反過來也說得
通，因為兩者所需的技巧不同。當然，我們也不能百分之
百斷言投資人就從來不交易，反之亦然。

即使是最有名的長期投資人巴菲特偶爾也會交易。儘
管他的目標是長期持有，有時候投資也會變成短期交易。

舉例來說，2020 年波克夏買了採礦公司巴里克黃金（Barrick Gold）的股份，六個月後卻以幾乎相同價格賣出，整場交易不賺不賠。

當時巴里克黃金只占波克夏總資產的 0.064％，所以風險微乎其微。身為散戶的我們沒有數十億美元資金，因此必須增加投入的比例才能使交易具有意義。

這是什麼意思？假設你投入 50％資金並且賠得一毛不剩，很顯然你的經濟保障和生活都將受到影響。如果改成只投入 1％資金，賠光了無傷大雅，但就算獲得 100％報酬率，賺來的錢因為占比少也相對不值得。

用實際金額來看，假設你有 10 萬美元資金，並以其中 1,000 美元交易，報酬率 20％，所以你賺了 200 美元。有收穫當然好，但這 200 美元只占總投資組合的 0.2％而已。現在改以 1 萬美元交易，報酬率不變，因此賺得 2,000 美元，這個收穫才讓整場努力有了價值。但別忘了，這個收穫是大量時間和精力換來的。

由此可見，如果你的資金規模不夠，即使你承受得起損失，也不值得花時間投機。我認為資金少於 1 萬美元還投入時間交易實在不划算，除非潛在獲利大於你的工作收入才值得一試。

無論如何，90／10 法則是最安全也最符合斯多葛精神的投機策略，不僅限制虧損範圍，潛在報酬也值得你所付出的時間成本。

過去十年，我研究了包括傑西・李佛摩、史丹利・卓肯米勒、喬治・索羅斯、保羅・都鐸・瓊斯、理查・丹尼斯（Richard Dennis）、約翰・坦伯頓爵士（Sir John Templeton）和馬丁・舒華茲等許多成功交易員的經驗和理念，最終提煉出股市交易的五大支柱。

支柱 1：交易頻率低

史上最出色的交易員並不會每天交易，而是每年進行幾場成功的交易。市場不利時他們靜觀其變，等待時機樂觀再一次進行多筆交易。

人們對成功的交易員普遍有個誤解，以為他們每天都要應付許多交易，然而傑西・李佛摩就曾說：「在一年當中每天或每週都進行交易，是沒辦法持續賺到錢的。」

在市場走出修正或觸底反彈時進場的交易員，才能享有最豐厚的獲利。愛德華・錢思樂（Edward Chancellor）在《金融投機史》（*Devil Take the Hindmost*）中提到，1860 年代的早期交易員如何透過「恐慌獵鷹策略」獲利：「某些交易員有『恐慌獵鷹』之名，他們只在價格崩跌、資金稀缺時進場，他們謹慎買賣、鎖定投資，並在下一次恐慌來襲之前撤離華爾街。」

同樣地，在 2008 年金融海嘯餘波中挑選股票的交易員們大賺了一筆。但錢思樂也警告，恐慌獵鷹是一種「稀有動物」，必須具備足夠的紀律和耐心，只在出現絕佳良機時進行交易。

支柱 2：設定 10% 停損點

股票交易十分複雜，賠率通常高於勝率。出色的交易員在判斷正確時獲利豐厚，並在犯下錯誤時懂得及時止損。

成功的交易員不害怕犯錯，也懂得及時止損以避免爆倉。作為短線交易員，在買進某個資產時，你會期待它在大約兩週內上漲。如果事與願違，僅僅代表自己判斷錯誤。

成功的交易員能迅速承認時機已盡並適時退場。

　　最好的方法是在進場前先決定好出場時機，最常見的出場點位是 10%。

　　你可以在進場時設定停損單，一旦股價跌至一定程度時即會觸發。假設你以每股 100 美元買了一檔股票，希望把停損點設在 10%（也就是 90 美元），則股價跌到 90 美元以下時即會觸發停損單，讓證券商自動按照市價賣出倉位，藉此限制虧損。

支柱 3：絕不降低均價

　　忽略前兩個支柱的話，可能會讓人跌入更深的深淵，也就是「降低均價」這種自我欺騙的策略。如果一位交易員以 100 美元買進一檔股票，期待手中資產上漲到 130 美元，結果股價不增反降時，他不但捨不得脫手，甚至還可能想擴大持倉。畢竟，股價跌到 80 美元時，彷彿市場賞賜一個打折價，多買不好嗎？

　　這是長期投資人應有的思維，但不適用於交易員。進行股票交易時，一旦走勢與預期相反，你就該果斷退出，否則自我欺騙的心態就會萌芽。

假設你以 100 美元進場之後跌到 80 美元，而你無視停損點，以 80 美元擴大持倉。現在每一股的成本降到 90 美元，所以你以為只要等股價漲到 130 美元，報酬就更豐厚了。但這是個錯誤妄想。不論短線交易員或長期投資人，都必須承認市場走勢深不可測，80 美元的股票可以衝上 200 美元，也可以暴跌至 20 美元。你要承擔後者的風險嗎？最好在一切失控前及時止損。

支柱 4：不要追隨熱門資產

當你在學校、辦公室茶水間、生日派對上聽到別人談論某檔股票或某項資產時，通常就已錯過進場時機了。所有熱門股的價格都會依循一個漲跌週期：

1. **潛伏階段**：只有少數人知道正在快速成長的新趨勢、新技術或新企業。

2. **認識階段**：具有先見之明的投資人開始大量買進，部分金融機構也跟上這股趨勢。

　　3. 瘋狂階段：主流大眾和社群媒體大肆談論某項資產的高報酬率，投資門外漢開始好奇並跟著進場。與此同時，資深投資人開始脫手。

　　4. 崩潰階段：市場上只剩玩票性質的門外漢，該項資產需求崩盤，最後進場的人只能自行承擔苦果。

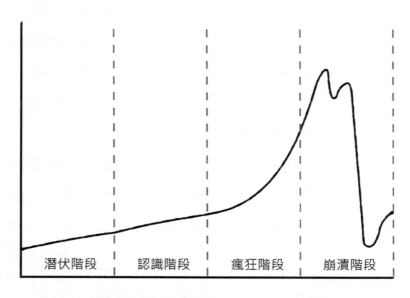

潛伏階段　　　認識階段　　　瘋狂階段　　　崩潰階段

│ 圖 12 │ 熱門股的漲跌都依循可以反映市場心理的週期。

　　在第一或第二階段進場是最理想的，但這種情況就連專業投資人的職業生涯中可能也只會出現幾次。另外，最好

避免在第三階段晚期進場，這時候《紐約時報》和 CNBC
已經大肆報導，平常不投資的朋友也成天討論某檔股票或
資產。如果你經過縝密研究和篩選，或許還能在第二階段
晚期或第三階段早期把握一些獲利機會，只要記得在獲利
後立刻退場就沒什麼大問題。

支柱 5：20％的報酬就夠了

　　貪婪是交易員最大的敵人。我開始進行股票交易時多
次收穫至少 30％的報酬，但我總會想：如果價格繼續攀升
怎麼辦，我不就少賺了嗎？

　　而股價總無可避免地下跌，我告訴自己這只是短暫陰
影，所以選擇繼續持有，結果跌勢卻遲遲未消，最終只能
夠認賠殺出。這正是交易讓人困惑的原因，你會想：到底
發生了什麼事？為什麼曾經的 30％獲利，如今變成了 30％
虧損？

　　市場的變動就是如此快速，如果你真心想要成為交易
員，就得有一套獲利策略。這樣有時會錯過林區形容的「十
壘安打」嗎？當然會。但至少你仍有收穫，並且躲過了大

筆虧損。

每當我獲得 20％ 報酬後，如果不再看好未來走勢，就會選擇果斷退場；如果認為仍有上行潛力，那我就會設定移動停損單，保障股價上升時能夠獲利。與傳統停損單不同，移動停損單會在股價上升時自動上調觸發點。舉例來說，假設你以 100 美元進場且股價漲到 140 美元時，你有三種選擇：

1. 在 140 元時退場，獲得 40％ 報酬。
2. 繼續持有並設定 120 元停損點，藉此保底 20％ 報酬，也不扼殺未來更多穫利空間。
3. 設定 10％ 移動停損點，觀察未來是否繼續上漲，同時保底至少 20％ 報酬。

如果價格為 140 美元，10％ 移動停損點表示股價跌到 126 美元（從 140 美元下跌超過 10％）時會自動賣出，而如果價格上升到 150 美元，則在股價跌到 135 美元（從 150 下跌超過 10％）時賣出。10％ 移動停損點會隨著市場價格移動，讓你有更大的獲利空間。透過這個方式，你可以避免因為賣掉漲勢未停的資產而心生懊悔。別忘了，你應該專注已經實現的獲利，而不是那些僅存在想像中或口頭上的預期利潤。

一場關於紀律、技術或運氣的遊戲

　　股票市場可以同時扮演三種角色：長期財富製造機、交易市場或賭場，而這些角色全依你的個人期望而定。

　　1. **長期財富製造機**：你不想花時間投資，但仍然希望累積財富，因此需要斯多葛主義者般的紀律，不論市場好壞皆持之以恆。

　　2. **交易市場**：你將股票市場視為買賣商品的地方，因此某種程度上你以商人思維操盤，產品是資產，你需要資金才能營運。而且如同經營任何行業，技術不可或缺。

　　3. **賭場**：你沒興趣花時間或精力了解股市脈絡，只想試試手氣，看能不能滿載而歸。

身為一位斯多葛投資人，坦然誠實地面對自己非常重要。你是如何看待股市的？如果有任何賭徒心態或毫無策略地胡亂買賣，誠實面對這一點。要明白，你可能最終像蜂擁前往拉斯維加斯的賭客們，永遠無法從賭局中獲得任何利益。

如果你以經營事業般的認真態度看待交易，股票交易或許確實是一條合適的道路。即使只拿出 10％資金且交易頻率不高，也該盡力做到做好，否則乾脆徹底遠離。

斯多葛主義者相信，**不論做任何事情都應全力以赴**。馬可・奧理略說：「像羅馬人那樣……分分鐘鐘全神貫注，以準確和真誠的態度，細心地、積極地、公正地去做眼前的事。」

如果你不打算認真對待交易，那麼最好徹底遠離，單純地透過本書介紹的被動投資策略，將股市視為長期累積財富的方法。

章 節 重 點

◉ 交易股票和投資股票是兩回事，兩者所需的技術不同，
進行交易之前務必三思。

◉ 交易股票講求紀律，唯有堅守策略才能大獲全勝，否則
這只是一條通往虧損的不歸路。

◉ 認真看待獲利。交易的目標是獲利，如果在交易中挫敗
連連，就該重新斟酌策略或放棄。

結論
如花崗岩般堅毅

　　從前從前，麥達斯國王將一位走失的羊男（酒神戴歐尼修斯的隨從，以追求歡愉聞名）帶回酒神身邊，酒神為了報答，便許諾給予麥達斯任何他想要的東西。貪婪的麥達斯表示希望他觸碰到的東西全變成金子。

　　於是他興奮地離開，開始隨意觸碰任何東西，一切也如他所願變成了黃金。但麥達斯很快發現自己的願望太不周全了，他一碰食物，食物就變成了金子，他難道要餓死嗎？更糟糕的是，他跑去向女兒求救，無助地抱住女兒時──碰！她變成了一尊黃金塑像。滿心懊悔的麥達斯，只好回頭哀求酒神收回賜予他的點石成金術。

　　我小時候在學校學到關於麥達斯點石成金的故事，當時這故事如同它的本意是一則警世寓言。但在現今世界，「麥達斯的觸碰」卻蘊藏正面涵義，擁有「麥達斯的觸碰」的人是善於創造利潤的人。

　　走在斯多葛致富之道，別忘了麥達斯國王給我們的啟示：擁有得多並不帶來真正的自由。社群媒體讓我們眼紅別人的新車、新房、異國假期，感覺自己錯過了人生大好機會，其他人的生活更加令人嚮往。這些負面情緒都是路途中最大的絆腳石。

　　想實踐本書中探討的一切，請終生擁抱斯多葛心態，這意味著保持情緒穩定。遵循斯多葛主義的道路，便能抵抗負面情緒影響並貫徹始終。你將在過程中實踐：

1. **投資自己**：透過專業知識與技能持續為社會帶來貢獻，自然不必擔心落入長期沒收入的境地。
2. **接受虧損**：當你知道如何在面對損失時避免血本無歸，就能守住財富。不僅如此，因應損失是長期投資人最重要的特質，因為這才能讓人持續投資。
3. **讓財富增長**：靜靜等待財富自然複利。你的小額投資會隨著時間積聚為可觀的數目。好好享受人生，永遠記得投資的時間愈長，財富愈多。

這條道路的美妙之處，在於它為每個人敞開大門，我本身就是個活生生的例子：原生家庭一無所有、生長在一個無名小城、班上唯一的非白人小孩……我可以列出一大串我的劣勢。我想你也可以。每個人的人生都不容易，畢竟，這不正是你翻開這本書的原因嗎？

你渴望變得富足。你有權力變得富足。你不需要再為金錢憂慮，擔心如果丟掉手中的工作該怎麼辦。是時候擺脫枷鎖，開始邁向富足了。

按照書中指引的道路前進，相信我，你會感受到改變。現在的我每天醒來不再為錢煩惱，只需要開心地完成工作和責任。這不是因為我錢財如山，而是因為我相信自己，所以不再對金錢患得患失。斯多葛主義協助我培養深厚的習慣，讓我成為更好的人和更好的投資人。我每天遵循這些習慣，因此擺脫了經濟壓力，即使明天我的一切資產灰飛煙滅，我也不擔心未來，因為我知道斯多葛致富之道永遠會引領我正確的方向。

在這條道路上前行時，只要專注自身就好，別去理會社群媒體那些一夜致富的故事。你的斯多葛優勢將一天天強大，讓你在大環境衰退、疫情、自然災害、戰爭等所有混亂中保持斯多葛心態。

沒有任何事物可以干擾你的投資之路，因為你始終放眼真正的目標：自由。這正是我們每個人所追求的終極目標。投資自己，面對虧損，讓財富在市場中增長，這個過程並不容易，但它使我們在精神上和經濟上更強大，而這股力量會帶來自由。

我記得在 2008 年金融危機期間讀到一篇部落格文章，當時我才剛經歷了慘敗，我已經不記得原出處和作者了，但記得其中一句話的大意是：如果你持有股票，而經濟衰退並沒有把你嚇出一身冷汗，那麼你真是如花崗岩般堅毅沉著！

這句話點出了許多人對股票退避三舍的原因，那就是他們沒辦法在市場的自然盪中控制情緒。

但我們可以，因為我們如花崗岩般堅毅沉著。

祝你投資愉快。

致謝

　　謝謝你們，我親愛的讀者。我一直告訴自己，沒有讀者就沒有作者。自 2015 年起，是讀者們讓我成為了作者，我對此心存感激。

　　除此之外，如果沒有母親、父親和弟弟的支持，我也沒辦法走到今天。你們不間斷的支持和鼓勵，尤其在過去八年，成為我堅實寫作生涯的養分。

　　每一位對本書的誕生有直接貢獻的朋友們，感謝你們。我以前總以為寫作只是一個人的事業，後來發現自己完全錯了，一本書的誕生需要緊密的團隊合作。我的研究助理約翰・普凱（John Pucay），謝謝你將這本書視為自己的作品般不遺餘力，你的投入和滿滿能量陪我走過每一章節。我的前助理卡爾・巴隆佐（Karl Balonzo），你在 2021 年的研究無懈可擊。感謝我的經紀人朱莉・史蒂文森（Julie Stevenson）從一開始就對這本書的想法充滿信心，並且在我兩年多的寫作生涯中一路支持。我們初期的交流協助我釐清了這本書的方向。我的編輯瑪莉・孫（Merry Sun）協助我打磨內容，讓這本書更上一層樓。感謝其他編輯團隊成員的用心，包括萊拉・桑德林（Leila Sandlin）。出版商 Portfolio 的發行人阿德里安・柴克海姆（Adrian Zackheim），以及主編尼基・帕帕多普洛斯（Niki Papadopoulos），謝謝你們的參與。整個發行過程充滿希望、能量且美好。各位都為這本書提供了成長的養分，我深深感謝。

謝謝摩根・豪瑟（Morgan Housel）、吉米・索尼（Jimmy Soni）、塔達斯・維斯坎塔（Tadas Viskanta）、史考特・楊（Scott Young）以及德瑞克・席佛斯（Derek Sivers）。謝謝你們在這本書提案期間的幫助。

這本書的靈感和格式都深受羅伯・葛林的作品影響。他深刻影響我的敘事和分享方式。他為非小說類書籍樹立了標竿。

說實在，要感謝的人實在太多了。這些年有許多人支持我的寫作，如果正在閱讀此書的你與我曾有交集，忠心希望你知道，我深深感激每一分一毫的支持。這是我父母教導我的。我們家並不富裕，但我們擁有感恩之心。表達感激是免費的，但這份情感對他人的影響是無價的。感謝你，祝一切順利。

達瑞斯

2023 年 6 月

註釋

　　這章詳細列出本書援引的所有參考資料。我試著盡可能讓讀者能夠直接閱讀，不需要來回查找各章內容。每一條註釋大多以書中對應的句子開頭，我希望在書中使用的資料來源獲得應有的認可。

第 1 章：我對長久富足的追求

P010 │ 更糟的是，並非所有人的薪資：Tami Luhby, "Wages Continue to Rise, but They Still Aren't Keeping Pace with Inflation," *CNN*, January 31, 2023, edition.cnn.com/2023/01/31/economy/workers-wages-fourth-quarter/index.html.

P010 │ 1980 年到 2022 年間，美國年均通膨率："Value of $1 from 1980 to 2022," officialdata.org/us/inflation/1980?endYear=2022&amount=1.

P011 │ 相較之下，市場："Stock Market Returns between 1980 and 2022," officialdata.org/us/stocks/s-p-500/1980?amount=1&

endyear=2022.

P011｜自 1928 年以來，標普 500：J. B. Maverick, "S&P 500 Average Return," Investopedia, updated May 24, 2023, *investope dia.com/ask/answers/042415/what-average-annual-return-sp-500. asp.*

P012｜過了四十二年後，2022 年：The "real value" of a single U.S. dollar decreases over time. In other words, a dollar will pay for fewer items at the store. "Value of $1 from 1980 to 2022."

P012｜不過如果當初把這筆錢投入標普 500：Adjusted for inflation, the $105,244.24 nominal end value of the original $1,000 investment would have an inflation-adjusted return of $29,632.50. "Stock Market Returns between 1980 and 2022."

P012｜除此之外，還有重創全球的疫情：World Health Organization, "WHO Coronavirus (COVID-19) Dashboard," data.who.int/dashboards/covid19/deaths?n=c.

P012｜以最繁榮昌盛的美國為例：Juliana Menasce Horowitz, Ruth Igielnik, and Rakesh Kochhar, "Trends in Income and Wealth Inequality," *Pew Research Center*, January 9, 2020, pewresearch.org/

social-trends/2020/01/09/trends-in-income-and-wealth-inequality.

P013 ｜ 數據顯示，美國有 99 ％的納稅人：Robert Frank, "Where the Rich Make Their Income," *CNBC*, April 9, 2015, cnbc.com/2015/04/09/where-the-rich-make-their-income.html.

P014 ｜ 2011 年，散戶：BNY Mellon Wealth Management, "The Rise of Retail Traders," November 2021, bnymellonwealth.com/insights/the-rise-of-retail-traders.html.

P014 ｜ 2022 年，有超過 87％的交易日中：George Smith, "Is 2022 One of the Most Volatile Years Ever for Stocks?," *LPL Research*, September 1, 2022, lplresearch.com/2022/09/01/is-2022-one-of-the-most-volatile-years-ever-for-stocks.

P015 ｜ 我在撰寫本書的當下：World Federation of Exchanges, "Welcome to the Future of Markets," world-exchanges.org.

P016 ｜ 有研究探討股市中活躍散戶的成功率：Bob Pisani, "Attention Robinhood Power Users: Most Day Traders Lose Money," *CNBC*, November 20, 2020, cnbc.com/2020/11/20/attention-robinhood-power-users-most-day-traders-lose-money.html.

P016｜約 80％的專業經理人表現都遜於標普 500：Josh Meyers, "New Report Finds Almost 80% of Active Fund Managers Are Falling Behind the Major Indexes," *CNBC*, March 27, 2022, cnbc.com/2022/03/27/new-report-finds-almost-80percent-of-active-fund-managers-are-falling-behind.html.

P017｜光在 2021 年：Dean Talbot, "Business Book Sales Statistics," *WordsRated*, December 20, 2022, wordsrated.com/business-books-statistics.

P017｜無法超越情緒的人難以從投資獲利：Andy Shuler, "9 Top Benjamin Graham Quotes on Value Investing," *eInvesting for Beginners*, November 21, 2019, einvestingforbeginners.com/benjamin-graham-quotes-ashul.

P018｜我在 2008 年那場導致美國：John Carney, "America Lost $10.2 Trillion in 2008," *Business Insider*, February 3, 2009, businessinsider.com/2009/2/america-lost-102-trillion-of-wealth-in-2008?international=true&r=US&IR=T.

P019｜每一種情緒起初都是幽微的：Lucius Annaeus Seneca, *Selected Letters*, trans. Elaine Fantham (Oxford: Oxford University

Press, 2010), 253.

P021｜標普 500 曾在 2020 年 3 月單月內暴跌 34 ％：Bob Pisani, "One Year Ago, Stocks Dropped 12% in a Single Day. What Investors Have Learned Since Then," *CNBC*, March 16, 2021, cnbc.com/2021/03/16/one-year-ago-stocks-dropped-12percent-in-a-single-day-what-investors-have-learned-since-then.html.

第 2 章：藉助古老智慧累積財富

P022｜斯多葛主義是季蒂昂的芝諾：Joshua J. Mark, "Zeno of Citium," *World History Encyclopedia*, February 15, 2011, worldhistory.org/Zeno_of_Citium.

P026｜如果你能保持正直、誠信和廉潔地賺錢：Chuck Chakrapani, *The Good Life Handbook: Epictetus' Stoic Classic Enchiridion* (Toronto: Stoic Gym, 2016), 69.

第 3 章：三步驟培養斯多葛優勢

P029｜旗下資產包括："Berkshire Hathaway: Everything You Need to Know," *Insurance Business*, accessed July 24, 2023, insurancebusinessmag.com/us/companies/berkshirehathaway/117652.

P030｜他平均每天花五個小時："How Warren Buffett Keeps Up with a Torrent of Information," *Farnam Street*, n.d., fs.blog/warren-buffett-information.

P030｜同時，巴菲特也是全球最大的投資人：Bloomberg editors, "Buffett Nears a Milestone He Doesn't Want: $100 Billion in Cash," *Bloomberg*, August 7, 2017, bloomberg.com/news/articles/2017-08-07/buffett-nears-a-milestone-he-doesn-t-want-100-billion-in-cash

P032｜根據調查顯示：Stash Team, "90% of Americans Want to Invest but Almost Half Don't Know Where to Start," *Stash*, August 9, 2022, stash.com/learn/90-of-americans-want-to-invest-but-almost-half-dont-know-where-to-start.

P033｜自 1980 年至 2022 年，標普 500：Caroline Banton, "The Rule of 72: What It Is and How to Use It in Investing," *Investopedia*, updated June 18, 2023, investopedia.com/ask/answers/what-is-the-rule-72.

P037｜萬事萬物對靈魂毫無牽制作用：Marcus Aurelius,

Meditations, trans. Gregory Hays (New York: Modern Library, 2003), 36.

原則一 投資自己

P039 ｜ 不要將「困難」和「不可能」畫上等號：Marcus Aurelius, *Meditations*, trans. Gregory Hays (New York: Modern Library, 2003), 73.

第 4 章：一技之長更勝金錢

P041 ｜ 然而今日，他被視為史上最強投機客：Lucinda Shen, "Why Wall Street Traders Are Obsessed with Jesse Livermore," *Business Insider*, July 17, 2015, businessinsider.com/the-life-of-jesse-livermore-2015-7.

P041 ｜ 十四歲時，父親要他輟學：Tom Rubython, *Jesse Livermore: Boy Plunger; The Man Who Sold America Short in 1929* (Northamptonshire, UK: Myrtle Press, 2014).

P041 ｜ 1891 年，在母親的協助下：Rubython, *Jesse Livermore*.

P041 ｜ 接下來兩年半，他的工作：Rubython, *Jesse Livermore*.

P041 ｜他驚訝地發現：Rubython, *Jesse Livermore*.

P043 ｜他決定前往紐約重起爐灶：Rubython, *Jesse Livermore*.

P043 ｜對賭行的交易規模甚至一度超越：David Hochfelder, " 'Where the Common People Could Speculate' : The Ticker, Bucket Shops, and the Origins of Popular Participation in Financial Markets, 1880–1920," *Journal of American History 93*, no. 2 (September 1, 2006): 335–58, doi.org/10.2307/4486233.

P043 ｜不僅如此，有些人會把對賭行當作洗錢基地：自 1897 年起，當局開始關閉紐約的對賭行，最後一間於 1908 年關閉。"Big Raid on Bucket Shops," *New York Times*, April 24, 1897, nytimes.com/1897/04/24/archives/big-raid-on-bucket-shops-three-new-street-houses-closed-in-the.html.

P043 ｜在早期一場最為人樂道的交易中：Rubython, *Jesse Livermore*.

P044 ｜ 1907 年，李佛摩開始：Edwin Lefevre, *Reminiscences of a Stock Operator* (New York: George H. Doran, 1923).

P044 ｜ 10 月中旬：Ellen Terrell, "United Copper, Wall Street, and the Panic of 1907," *Inside Adams* (blog), Library of Congress,

March 9, 2021, blogs.loc.gov/inside_adams/2021/03/united-copper-panic-of-1907.

P044 ｜ 然而好景不常，之後他鎖定棉花：Shen, "Why Wall Street Traders Are Obsessed."

P044 ｜ 我不需要勝過華爾街：Richard Smitten, *Jesse Livermore: World's Greatest Stock Trader* (New York: John Wiley & Sons, 2001), 36.

P045 ｜ 短短兩天蒸發掉：ET Bureau, "Market Crash of 1929: Some Facts of the Economic Downturn," *Economic Times*, October 22, 2017, economictimes.indiatimes.com/industry/miscellaneous/market-crash-of-1929-some-facts-of-the-economic-downturn/articleshow/61166918.cms?from=mdr.

P046 ｜ 芝諾相信：Ryan Holiday and Stephen Hanselman, *Lives of the Stoics: The Art of Living from Zeno to Marcus Aurelius* (New York: Portfolio/ Penguin, 2020), 27.

P047 ｜ 能以創意展現跨領域技能的人，必能掌握未來：Robert Greene, *Mastery* (New York: Viking Adult, 2012), 80.

P048 ｜ 教育的意義是什麼？：Epictetus, *Enchiridion (with a*

Selection from the Discourses), trans. George Long (Overland Park, KS: Digireads.com, 2016), 71.

P050｜追尋自我：Lucius Annaeus Seneca, *Selected Letters*, trans. Elaine Fantham (Oxford: Oxford University Press, 2010), 31.

P050｜精進閱讀和寫作能力：Marcus Aurelius, *Meditations*, trans. Gregory Hays (New York: Modern Library, 2003), 156.

P052｜是時候認真實現你的理想了：Epictetus, *The Art of Living: The Classical Manual on Virtue, Happiness, and Effectiveness*, trans. Sharon Lebell (San Francisco: Harper Collins, 1995), 90.

P052｜你還不是蘇格拉底：Epictetus, *Discourses and Selected Writings*, trans. Robert Dobbin (New York: Penguin Classics, 2008), 255.

P052｜寫作的起點是模仿：William Zinsser, "Looking for a Model," *American Scholar*, December 2, 2011, theamericanscholar. org/looking-for-a-model/#.VVSw70JYzA4.

P055｜唯有受過教育的人：Epictetus, *Discourses: Books 1 and 2*, trans. P. E. Matheson (Mineola, NY: Dover Publications, 2004), 144.

第 5 章：市場的隱藏規則

P058 | 1950 年春天：Roger Lowenstein, B*uffett: The Making of an American Capitalist* (New York: Random House, 1995).

P059 | 我看起來就像十六歲：Kathleen Elkins, "22 Mind-Blowing Facts about Warren Buffett and His Wealth," *Business Insider*, September 23, 2015, businessinsider.com/facts-about-warren-buffett-2015-9.

P059 | 事實上，自十八世紀：Alice Schroeder, *The Snowball: Warren Buffett and the Business of Life* (New York: Bantam Books, 2008).

P059 | 這種投機策略在咆嘯的 20 年代：Brian Domitrovic, "Why Did People Buy Stocks in the 1920s?," *Forbes, January* 9, 2020, forbes.com/sites/briandomitrovic/2020/01/09/why-did-people-buy-stocks-in-the-1920s.

P059 | 人們高價買入股票：Domitrovic, "Why Did People Buy Stocks?"

P060 | 把時間軸再往前推：Edgar Lawrence Smith, *Common Stocks as Long Term Investments* (New York: Macmillan, 1924).

P062｜巴菲特早在 1941 年：Joshua Kennon, "How Did Warren Buffett Become So Rich?" *The Balance*, updated July 5, 2022, thebalancemoney.com/warren-buffett-timeline-356439.

P062｜我當時二十一歲：Schroeder, *Snowball*, 131.

P062｜這間加油站是我最蠢的決定：Schroeder, *Snowball*, 129.

P064｜我是唯一會去這些地方的人：Schroeder, *Snowball*, 151.

P065｜股票市場則要等到十七世紀初：Mark Casson and John S. Lee, "The Origin and Development of Markets: A Business History Perspective," *Business History Review 85*, no. 1 (May 11, 2011): 9–37, doi.org/10.1017/S0007680511000018.

P066｜舉例來說，100 至 400 美元的交易：Charles M. Jones, "Century of Stock Market Liquidity and Trading Costs," *Columbia Business School Research Paper Series*, May 22, 2002, www0.gsb.columbia.edu/mygsb/faculty/research/pubfiles/4048/A%20century%20of%20Market%20Liquidity%20and%20Trading%20Costs.pdf.

P068｜1920 年代，投資人認為像奇異公司："General Electric Co. History, Profile and Corporate Video," *Companies History*, accessed July 26, 2023, companieshistory.com/general-electric.

P072｜在商業、金融和市場週期中：Howard Marks, *Mastering the Market Cycle: Getting the Odds on Your Side* (Boston: Houghton Mifflin Harcourt, 2018), 93.

P075｜不可避免地受環境所困時，當立即：Marcus Aurelius, *Meditations*, trans. Gregory Hays (New York: Modern Library, 2003), 70.

P076｜〈我在買美股〉：Warren E. Buffett, "Buy American. I Am," *New York Times*, October 16, 2008, nytimes.com/2008/10/17/opinion/17buffett.html.

P076｜向前邁步吧：Lucius Annaeus Seneca, *Seneca's Letters from a Stoic, trans.* Richard Mott Gummere (Mineola, NY: Dover Publications, 2016), 84.

第 6 章：有志者事竟成：投資是一種習慣

P079｜1977 年，投資名人：Robert D. Hershey Jr., "Geraldine Weiss Dies at 96; Blazed a Trail for Women in Investing," *New York Times*, April 26, 2022, nytimes.com/2022/04/26/business/

geraldine-weiss-dead.html.

P080｜當這位神祕投資人透過節目亮相：Kevin LeVick, "Geraldine Weiss: 'The Grande Dame o f Dividends,'" *The Street*, March 23, 2021, thestreet.com/dictionary/geraldine-weiss-the-grand-dame-of-dividends.

P080｜魏絲之所以使用筆名："Geraldine Weiss," Capitol Private Wealth Group, n.d., capitolpwg.com/wp-content/uploads/2017/07/Geraldine-Weiss.pdf.

P080｜耶魯和普林斯頓：Katie McLaughlin, "5 Things Women Couldn't Do in the 1960s," *CNN*, August 25, 2014, edition.cnn.com/2014/08/07/living/sixties-women-5-things/index.html.

P081｜魏絲記得自己曾以原本的姓氏：Shenandoah Weiss, "Geraldine Weiss Levine Interviewed by Granddaughters in 2011," January 21, 2012, YouTube video, 56:31, youtu.be/ep-_MRu45Wc.

P081｜讀了這麼多書："Dividend Stocks Pay Off," *Forbes*, February 12, 2002, forbes.com/2002/02/12/0212adviser.html?sh=31a7d6163dbd.

P082｜當時女性的人生目標：Weiss, "Geraldine Weiss Levine Interviewed."

P082｜我們收支打平：Amanda Leek, "How to Invest Like... Geraldine Weiss, the Queen of Blue-Chip Dividends," *Telegraph*, September 18, 2017, telegraph.co.uk/money/special-reports/invest-likegeraldine-weissthe-queen-blue-chip-dividends.

P083｜當一家體質良好的公司：Anupam Nagar, "Geraldine Weiss' Mantra for Investing Success: Stay with High Dividend–Paying Stocks," *Economic Times*, February 20, 2021, economictimes.indiatimes.com/markets/stocks/news/bluechip-stocks-guru-geraldine-weiss-success-mantra-bet-on-high-dividend-paying-companies/articleshow/81124897.cms

P084｜我永遠不會忘記：Geraldine Weiss, "Happy Birthday, I.Q. Trends," *IQ Trends*, April 1, 2006, tayloredge.com/bits-n-pieces/news/happybirthday.pdf.

P085｜自 1986 年到 2022 年：Hershey Jr., "Geraldine Weiss Dies at 96."

P085｜每種習慣和能力：Epictetus, *Enchiridion (with a Selection*

from the Discourses), trans. George Long (Overland Park, KS: Digireads.com, 2016), 120.

P087｜了解理論怎麼會比根據引導實踐理論更好呢：*Musonius Rufus: Lectures and Sayings*, trans. Cynthia King (North Charleston, SC: CreateSpace, 2011), 34.

P088｜他認為斯多葛心態：Chuck Chakrapani, *The Good Life Handbook: Epictetus' Stoic Classic Enchiridion* (Toronto: The Stoic Gym, 2016), 69.

P092｜成為良善之人的唯一理由：*Musonius Rufus*, 38.

P093｜摒棄哲學與中斷哲學沒有太大的差別：Lucius Annaeus Seneca, *Selected Letters*, trans. Elaine Fantham (Oxford: Oxford University Press, 2010), 115.

原則二　接受虧損

P095｜若想自我提升：Epictetus, "*The Enchiridion*, Translated by Elizabeth Carter," The Internet Classics Archive, accessed July 24, 2023, classics.mit.edu/Epictetus/epicench.html.

第 7 章：不把短期損失放在心上

P096 │ 我要讀大學時整個人惴惴不安：FINAiUS, "How Cathie Wood Became the Queen of Retail Investors," November 20, 2021, YouTube video, 30:12, youtu.be/CIXH1cceujg.

P097 │ 這份能瞻望未來的工作讓我著了迷：Adam Shell, "ARK Invest's Cathie Wood Reveals Her Successful Playbook," *Investor's Business Daily*, October 29, 2020, investors.com/news/management/leaders-and-success/cathie-wood-ark-invest-shows-you-her-winning-playbook.

P098 │ 根據 Tupelo 向美國證卷交易委員會提交："Tupelo Capital Management, L.L.C., 13F Report for Period Ending 2000-03-31," United States Securities and Exchange Commission, accessed on July 26, 2023, sec.gov/Archives/edgar/data/1080349/000095012300004921/0000950123-00-004921.txt.

P098 │ 到了 2001 年初竟然只剩 2 億美元："Tupelo Capital Management, L.L.C."

P099 │ 這類產業的股票：Michael Wursthorn, "Cathie Wood, Meme-Stock Champion Who Bet Big on Tesla and Bitcoin,

Stands Her Ground," *Wall Street Journal*, August 6, 2021, wsj.com/articles/cathie-wood-ark-guiding-light-meme-stock-investing-11628258307.

P099｜根據那斯達克交易所：Rebecca Lake, "History of IPOs That Failed," *SoFi*, March 8, 2022, sofi.com/learn/content/ipos-that-failed/#.

P099｜伍德成立方舟之後：Matt Phillips, "God, Money, YOLO: How Cathie Wood Found Her Flock," *New York Times,* August 22, 2021, nytimes.com/2021/08/22/business/cathie-wood-ark-stocks.html.

P100｜2016 年，也就是方舟成立兩年後："ARK Innovation ETF ARKK: Performance," *Morningstar*, morningstar.com/etfs/arcx/arkk/performance.

P100｜她甚至簽了一份合約：Claire Ballentine, "Cathie Wood's Ark Invest Rocked as Shareholder Seeks Control,*"Bloomberg*, November 16, 2020, bloomberg.com/news/articles/2020-11-16/takeover-battle-emerges-for-cathie-wood-s-ark-in-stellar-year.

P100｜截至 2016 年底：Hayley C. Cuccinello, " 'Go For It' :

America's Richest Self-Made Women on Founding Businesses after 40," *Forbes*, October 13, 2020, forbes.com/sites/hayleycuccinello/2020/10/13/american-self-made-women-founders-over- 40.

P101｜2017 年，方舟的主要基金漲幅超過 87 ％："ARK Innovation ETF (ARKK) Performance," *Yahoo! Finance*, finance.yahoo.com/quote/ARKK/performance.

P101｜2021 年初，方舟的資產管理規模為 500 億美元：Claire Ballentine, "Cathie Wood Amasses $50 Billion and a New Nickname: 'Money Tree,'" *Bloomberg*, February 5, 2021, bloomberg.com/news/articles/2021-02-05/cathie-wood-amasses-50-billion-and-a-new-nickname-money-tree.

P101｜雖然那年方舟的主要基金下跌 67 ％：Jack Pitcher, "Investors Are Losing Faith in Cathie Wood's ARK Innovation," *Wall Street Journal*, December 12, 2022, wsj.com/articles/investors-are-losing-faith-in-cathie-woods-ark-innovation-11670846139.

P102｜在 2022 年 12 月的一則推特中：Cathie Wood (@CathieDWood), "The financial world criticizes and denigrates @ARKInvest's research and investment focus on exponential growth: it dismisses our forecasts of the massive latent profitability in companies sacrificing short-term profitability for exponential and highly profitable long term growth," Twitter, December 4, 2022, 10:53 a.m. ET, twitter.com/CathieDWood/status/1599431785431326721.

P102 | 2018 年特斯拉股價重挫：Grace Dean, "Elon Musk Says Tesla Was Just a Month Away from Bankruptcy While It Ramped Up Production of the Model 3," *Business Insider*, November 4, 2020, businessinsider.com/elon-musk-tesla-bankruptcy-model-3-electric-vehicle-ev-production-2020- 11.

P102 | 當時特斯拉每股約 22 美元："Tesla Stock Price in 2018," StatMuse, statmuse.com/money/ask/tesla+stock+price+in+2018#."

P102 | 伍德卻大膽斷言：伍德於 2018 年預測特斯拉的股價會漲到 4,000 美元。這個價格是五比一和三比一股票分割之前的預測。根據分割調整後，此預測數目大約為 260 美元。Matthew J. Belvedere, "Tesla Stock Going to $4,000—That Would be an Increase of 1,100％ : Money Manager Catherine Wood,"

CNBC, February 7, 2018, cnbc.com/2018/02/07/ark-chief-catherine-wood-sees-tesla-stock-going-to-4000.html.

P102｜一年後，特斯拉：伍德於 2018 年做出預測時，特斯拉的股價大約 300 美元，並在 2019 年 6 月觸到最低點 177 美元。這些價格都是股票分割之前的數目。Alan Farley, "Slumping Tesla Stock Headed into Test of 2019 Low," *Investopedia*, August 15, 2019, investopedia.com/slumping-tesla-stock-headed-into-test-of-2019-low-4767681.

P102｜但在 2021 年 1 月：Matthew Fox, "ARK's Cathie Wood Made a Monster Call in 2018 That Tesla Stock Would Hit $4,000. Her Prediction Just Came True 2 Years Early," *Business Insider*, January 8, 2021, markets.businessinsider.com/news/stocks/tesla-stock-analysis-cathie-wood-ark-prediction-just-came-true-2021-1-1029944356.

P104｜他從來沒有表現過粗魯：Marcus Aurelius, *Meditations*, trans. Gregory Hays (New York: Modern Library, 2003), 10.

P106｜麵包師傅沒有麵包能賣我了：Lucius Annaeus Seneca, *Selected Letters*, trans. Elaine Fantham (Oxford: Oxford University

Press, 2010), 267.

P106 | 回顧歷史紀錄："Percentage Positive and Negative Days across Various Periods: S&P 500 Index," Crestmont Research, n.d., crestmontresearch.com/docs/Stock-Yo-Yo.pdf.

P109 | 舉例來說，2022 年和 2023 年：Ben Ward, "Cathie Wood's Been Busy Adding to ARK Invest's Holdings, Buying Tesla, Coinbase and More," *Nasdaq,* April 20, 2023, *nasdaq*.com/articles/cathie-woods-been-busy-adding-to-ark-invests-holdings-buying-tesla-coinbase-and-more.

P110 | 靈魂在困境中磨練勇氣：*Musonius Rufus, Lectures and Sayings*, trans. Cynthia King (North Charleston, SC: CreateSpace, 2011), 37.

第 8 章：避免血本無歸

P114 | 愛德華·索普出生於 1932 年：Edward O. Thorp, *A Man for All Markets: From Las Vegas to Wall Street, How I Beat the Dealer and the Market* (New York: Random House, 2017).

P114 | 1961 年，索普：Jacob Goldstein, "Episode 749: Professor

Blackjack," January 20, 2017, *in Planet Money*, podcast transcript, npr.org/transcripts/510810752.

P115｜索普最終歸還了 1 萬美元：Robert Blincoe, "Defining Moment: A Professor Temporarily Turns the Tables on the Casinos, 1962," *Financial Times*, November 28, 2009, ft.com/content/99075802-d7de-11de-b578-00144feabdc0.

P115｜我只在內心有把握時押注：Thorp, *Man for All Markets*, 88.

P116｜全球最大的賭場：Thorp, *Man for All Markets*, 144.

P116｜1969 年他中斷學術生涯：Burton G. Malkiel, "The Math Whiz and the Money," *Wall Street Journal*, January 29, 2017, wsj.com/articles/the-math-whiz-and-the-money-1485733245.

P116｜他這四年只回收了原有的資金："Stock Market Returns between 1969 and 1973," officialdata.org/us/stocks/s-p-500/1969?amount=100&endYear=1973.

P117｜我做錯了什麼？：Thorp, *Man for All Markets*, 146.

P117｜索普轉戰投資界六年之後：Michael Hiltzik, "Beating the Odds: Ed Thorp Tells How He Invented Card Counting and

Made a Fortune on Wall Street," *Los Angeles Times*, February 17, 2017, latimes.com/business/hiltzik/la-fi-hiltzik-thorp-20170217-story.html.

P117 | 他觀察到有些人：Thorp, *Man for All Markets*, 177–78.

P118 | 十六位學術和市場菁英：Roger Lowenstein, When Genius Failed: The Rise and Fall of Long-Term Capital Management (New York: Random House, 2000), 67–77.

P118 | 梅利威瑟以前在所羅門：Thorp, *Man for All Markets*, 265.

P119 | 又成立另一個對沖基金：Sam Jones, "Meriwether's JWM Partners Winds Down Flagship Fund," *Financial Times*, July 8, 2009, ft.com/content/21a6bbee-6c00-11de-9320-00144feabdc0.

P119 | 而且從來沒有赤字年：Scott Patterson, "Old Pros Size Up the Game," *Wall Street Journal*, March 22, 2008, wsj.com/articles/SB120614130030156085.

P120 | 對華爾街來說：Thorp, *Man for All Markets*, 213.

P121 | 不曾有人一夕跌落谷底：*Encyclopaedia Britannica*, s.v. "Juvenal: Quotes," britannica.com/quotes/Juvenal.

P123｜這些新上市公司第一年：Corrie Driebusch, "IPO Stocks Have Tumbled, Hobbling Demand for New Listings," *Wall Street Journal*, September 26, 2022, wsj.com/articles/poor-ipo-stock-performance-weighs-further-on-new-issue-market-11664184781.

P124｜市場保持非理性的時間：凱因斯是否真的曾說過這句話，已經不可考了。"The Market Can Remain Irrational Longer Than You Can Remain Solvent," *Quote Investigator*, n.d., quoteinvestigator.com/2011/08/09/remain-solvent.

P124｜理性的靈魂：Marcus Aurelius, *Meditations,* trans. Gregory Hays (New York: Modern Library, 2003), 147.

P127｜通往自由的道路：Epictetus, *The Works of Epictetus: His Discourses, in Four Books, the Enchiridion, and Fragments*, trans. Thomas Wentworth Higginson (New York: Thomas Nelson and Sons, 1890), 2149.

P128｜自 1926 年算起的每個十年期：Ben Carlson, "The Stock Market Is Not a Casino," *A Wealth of Common Sense* (blog), May 25, 2023, awealthofcommonsense.com/2023/05/the-stock-market-is-not-a-casino.

P128│正如馬可‧奧理略所言：Aurelius, *Meditations*, 106.

P130│健全的心靈應該為任何事情做好準備：Aurelius, *Meditations*, 142.

第9章：貪心無益

P134│威靈頓基金創立於 1929 年："VWELX Vanguard Wellington Fund Investor Shares," Vanguard, investor.vanguard.com/investment-products/mutual-funds/profile/VWELX.

P134│六十六歲的摩根：John C. Bogle, *Stay the Course: The Story of Vanguard and the Index Revolution* (Hoboken, NJ: Wiley, 2018).

P134│「狂飆」一詞起源於 1960 年代：James Chen, "Go- Go Fund," *Investopedia*, June 30, 2022, investopedia.com/terms/g/go-go-fund.asp.

P134│他在 1951 年：Edward Wyatt, "John C. Bogle, Founder of Financial Giant Vanguard, Is Dead at 89," *New York Times*, January 16, 2019, nytimes.com/2019/01/16/obituaries/john-bogle-vanguard-dead.html.

P135｜就開始在威靈頓工作：Kathleen Elkins, "Jack Bogle Shares the $1 Billion Investing Mistake That Cost Him His Job," *CNBC*, December 21, 2018, cnbc.com/2018/12/20/jack-bogles-biggest-investing-mistake-cost-1-billion-and-his-job.html.

P135｜柏格在 1970 年上任：Rick Ferri, "What Was John Bogle Thinking?" *Forbes*, February 10, 2014, forbes.com/sites/rickferri/2014/02/10/what-was-john-bogle-thinking/?sh= ac281be68e71.

P135｜柏格在 1974 年被撤職：Elkins, "Jack Bogle Shares."

P135｜雖然柏格遵循摩根的方針：Bogle, *Stay the Course.*

P135｜事實上，他早在 1951 年：John Clifton Bogle, "The Economic Role of the Investment Company" (senior thesis, Princeton University, 1951), available at dataspace.princeton.edu/handle/88435/dsp017m01bm63k.

P135｜柏格一直想建立指數基金：Jason Zweig, "Birth of the Index Mutual Fund: 'Bogle's Folly' Turns 40," *Jason Zweig* (blog), August 31, 2016, jasonzweig.com/birth-of-the-index-mutual-fund-bogles-folly-turns-40.

P136｜先鋒領航成立之初：Laura Southwick, "Jack and the

Bogleheads: How Vanguard Changed Investing Forever," *Juno Finance* (blog), March 4, 2021, juno.finance/blog/John-bogle-bogleheads-vanguard-history.

P136｜我不相信：John C. Bogle, "Bogle Sounds a Warning on Index Funds," *Wall Street Journal*, November 29, 2018, wsj.com/articles/bogle-sounds-a-warning-on-index-funds-1543504551.

P136｜許多人並不看好這檔基金：Jason Zweig, "Birth of the Index Mutual Fund: 'Bogle's Folly' Turns 40," *Wall Street Journal*, updated August 31, 2016, wsj.com/articles/BL-MBB-52953.

P137｜對華爾街的許多人來說："Jack Bogle: The Man Who Pioneered Index Investing," *BBC News*, January 17, 2019, bbc.com/news/business-46906246.

P137｜同業們都有機會：John C. Bogle, "How the Index Fund Was Born," *Wall Street Journal*, September 3, 2011, wsj.com/articles/SB10001424053111904583204576544681577401622.

P137｜先鋒領航初創時：CNBC.com staff, "Jack Bogle, Index Mutual Fund Pioneer," *CNBC*, April 29, 2014, cnbc.com/2014/04/29/25-jack-bogle.html.

P137｜六年後更直攻：Bogle, *Stay the Course*.

P138｜2022年底，先鋒："Assets Under Management (AUM) of Vanguard in 1975, 1990, 2005 and 2022 (in Billion U.S. Dollars)," *Statista*, accessed July 28, 2023, statista.com/statistics/1260855/vanguard-aum.

P138｜成為美國第二大："Largest Asset Managers Worldwide as of March 2022, by Value of Managed Assets (in Trillion U.S. Dollars)," *Statista*, accessed July 28, 2023, statista.com/statistics/322452/largest-asset-managers-world wide-by-value-of-assets.

P138｜他於2019年：Shawn M. Carter, "This Was Jack Bogle's 'Only Regret about Money,'" *CNBC*, January 18, 2019, cnbc.com/2019/01/18/jack-bogles-only-money-regret .html.

P138｜富達執行長的：Nir Kaissar, "He Should Be a Billionaire, but Jack Bogle Chose to Make Others Richer," *Sydney Morning Herald*, January 19, 2019, smh.com.au/business/markets/he-should-be-a-billionaire-but-jack-bogle-chose-to-make-others-richer-20190119-p50sd8.html.

P138 | 柏格定期：Wyatt, "John C. Bogle, Founder of Financial Giant."

P138 | 如果先鋒領航：Jeff Sommer, "Vanguard's Jack Bogle Wasn't a Billionaire. He Was Proud of That.," *New York Times*, January 16, 2019, nytimes.com/2019/01/16/business/vanguard-jack-bogle-death.html.

P138 | 人該擁有多少錢才夠？：*New World Encyclopedia*, s.v. "John D. Rockefeller," newworldencyclopedia.org/entry/John_D._Rockefeller.

P139 | 比你需要的多一塊錢：John C. Bogle, *Enough: True Measures of Money, Business, and Life* (Hoboken, NJ: Wiley, 2008), 239.

P139 | 從建立之初：如果想要詳細了解斯多葛、伊比鳩魯和犬儒之間的異同，請觀看英國古典學者 Edith Hall 的這場演講。她的研究專長為古希臘文學和文化史。Edith Hall, "Cynics, Stoics, Epicureans," Gresham College, May 27, 2021, video, 45:58, gresham.ac.uk/watch-now/cynics-stoics-epicureans.

P140 | 什麼是衡量金錢最好的方式？：Lucius Annaeus

Seneca, *Selected Letters*, trans. Elaine Fantham (Oxford: Oxford University Press, 2010), 5.

P140 │ 2020 年 9 月，經歷：Ethan Wolff-Mann, "43％ of Retail Investors Are Trading with Leverage: Survey," *Yahoo! Finance*, September 9, 2020, finance.yahoo.com/news/43-of-retail-investors-are-trading-with-leverage-survey-172744302.html.

P141 │ 僅只知道不能被欲望所征服：*Musonius Rufus: Lectures and Sayings*, trans. Cynthia King (North Charleston, SC: CreateSpace, 2011), 36.

P142 │ 如果你渴求自己掌控範圍以外的事情：Chuck Chakrapani, *The Good Life Handbook: Epictetus' Stoic Classic Enchiridion* (Toronto: Stoic Gym, 2016), 69.

P144 │ 選擇與拒絕：William B. Irvine, *A Guide to the Good Life: The Ancient Art of Stoic Joy* (Oxford: Oxford University Press, 2008), 54.

P145 │ 吃得過量的人犯了錯誤：*Musonius Rufus*, 74.

P147 │ 你能掌握的如此之少：Irvine, *A Guide to the Good Life*, 173.

原則三　讓財富增長

P149｜道德教誨猶如種子：Lucius Annaeus Seneca, *Selected Letters*, trans. Elaine Fantham (Oxford: Oxford University Press, 2010), 60.

第 10 章：讓你的錢發揮作用

P150｜彼得・林區年僅十歲：Peter Lynch and John Rothchild, *One Up on Wall Street: How to Use What You Already Know to Make Money in the Market* (New York: Penguin Books, 1989).

P151｜他和其他高階人士：Anne Fisher, "From Golf Caddy to Big Shot: No Accidental Path," *Fortune*, July 17, 2013, fortune. com/2013/07/17/from-golf-caddy-to-big-shot-no-accidental-path.

P151｜這筆報酬有部分支持了他："Betting on the Market Pros: Peter Lynch," PBS, n.d., pbs.org/wgbh/pages/frontline/shows/ betting/pros/lynch.html.

P151｜他從實習："Peter Lynch Resource Page," Value Walk, n.d., valuewalk.com/peter-lynch-resource-page.

P152｜麥哲倫基金在 1978 年：Peter Lynch and John Rothchild,

Beating the Street (New York: Simon & Schuster, 1992).

P153｜於是 1982 年 6 月某一天：Lynch and Rothchild, *Beating the Street*, 149.

P153｜1982 年克萊斯勒每股 2 美元：Lynch and Rothchild, *Beating the Street*, 148.

P154｜一週工作超過九十個小時：Anise C. Wallace, "Mutual Fund Champion Quits as Magellan Head," *New York Times*, March 29, 1990, nytimes.com/1990/03/29/business/mutual-fund-champion-quits-as-magellan-head.html.

P154｜標普 500 也不遑多讓地重挫 20.4 %：Ryan McKeon and Jeffrey M. Netter, "What Caused the 1987 Stock Market Crash and Lessons for the 2008 Crash," *Review of Accounting and Finance* 8, no. 2 (January 19, 2009): 123–37, dx.doi.org/10.2139/ssrn.1330220.

P154｜不論一天漲跌 508 點：Lynch and Rothchild, *One Up on Wall Street*, 36.

P155｜在他的管理之下：Steven Perlberg, "Mutual Fund Legend Peter Lynch Identifies His 'Three C's' of Investing in a Rare

Interview," *Business Insider*, December 6, 2013, businessinsider. com/peter-lynch-charlie-rose-investing-2013-12.

P155 ｜ 壓力不是問題："Betting on the Market Pros: Peter Lynch."

P157 ｜ 每個人都會有更大的勇氣去面對：Lucius Annaeus Seneca, *Selected Letters*, trans. Elaine Fantham (Oxford: Oxford University Press, 2010), 228.

P158 ｜ 我不會讓任何人奪走一天：Lucius Annaeus Seneca, *On the Shortness of Life: Life Is Long if You Know How to Use It*, trans. C. D. N. Costa (London: Penguin Books, 2005), 68.

P159 ｜ 愛因斯坦曾說：Maurie Backman, "Einstein Said Compound Interest Is the 8th Wonder of the World. Why Graham Stephan Thinks That's Right," *The Ascent*, January 5, 2023, fool.com/the-ascent/buying-stocks/articles/einstein-said-compound-interest-is-the-8th-wonder-of-the-world-why-graham-stephan-thinks-thats-right.

P159 ｜ 不要再找藉口拖延了：Epictetus, *The Art of Living: The Classical Manual on Virtue, Happiness, and Effectiveness*, trans. Sharon Lebell (San Francisco: Harper Collins, 1995), 90.

P160 ｜ 套句愛比克泰德的話：Epictetus, *The Art of Living*, 90.

P163｜既然人終將一死：*Musonius Rufus: Lectures and Sayings*, trans. Cynthia King (North Charleston, SC: CreateSpace, 2011), 86.

第 11 章：相信你的判斷

P165｜他短暫攻讀經濟學博士：Julia La Roche, "The Fabulous Life of Stanley Druckenmiller—the Hedge Funder Who Says Old People Are Robbing Young People Blind," *Business Insider*, March 5, 2013, businessinsider.com/life-of-stanley-druckenmiller-2013-3.

P166｜僅僅三個月內：Sebastian Mallaby, *More Money Than God: Hedge Funds and the Making of a New Elite* (New York: Penguin Press, 2010).

P166｜並且得到了量子基金創辦人："The Saturday Story: Soros Loses \$2 Billion," *Independent*, November 1, 1997, independent.co.uk/life-style/the-saturday-story-soros-loses-2-billion-1291410.html.

P166｜索羅斯在 1969 年：George Soros, *Soros on Soros: Staying Ahead of the Curve* (New York: John Wiley & Sons, 1995), 47;

"Outwitting the Markets: 1969–80," Soros Fund Management LLC, Encyclopedia.com, accessed July 26, 2023, encyclopedia.com/books/politics-and-business-magazines/soros-fund-management-llc.

P166｜當年的對沖基金規模：1968 年，SEC 將 140 個投資合作關係列為對沖基金，1970 年底，前 28 大基金下跌了 70％，總價值剩 3 億美元。Alan Rappeport, "A Short History of Hedge Funds," *CFO*, March 27, 2007, cfo.com/banking-capital-markets/2007/03/a-short-history-of-hedge-funds.

P166｜1988 年索羅斯邀請：Mallaby, *More Money Than God.*

P167｜卓肯米勒向幾位良師益友徵詢意見：Jack D. Schwager, *The New Market Wizards: Conversations with America's Top Traders* (New York: HarperCollins, 1992).

P167｜打從一開始：Schwager, *New Market Wizards*, 262.

P167｜即便接受：Schwager, *New Market Wizards*, 262.

P167｜最終，卓肯米勒：Soros, *Soros on Soros*, 61.

P167｜1989 年 8 月：Katherine Burton, "Druckenmiller to Shut Fund after 30 Years as Stress Takes Toll," *Bloomberg*, August 19, 2010, bloomberg.com/news/articles/2010-08-18/druckenmillercalls-it-quits-after-30-years-as-hedge-fund-job-gets-tougher.

P168｜我要離職：Mallaby, *More Money Than God*, 188.

P168｜隔年，卓肯米勒再推動：Mallaby, *More Money Than God*.

P168｜這是個很棒的決定：Soros, *Soros on Soros*, 62.

P168｜1992 年 9 月 16 日：Andrew Beattie, "How Did George Soros Break the Bank of England?" *Investopedia*, November 14, 2022, investopedia.com/ask/answers/08/george-soros-bank-of-england.asp.

P169｜而索羅斯有多迷戀鎂光燈：Mallaby, *More Money Than God*, 208.

P169｜因為科技股的表現模式：Gregory Zuckerman, "How the Soros Funds Lost Game of Chicken against Tech Stocks," *Wall Street Journal*, May 22, 2000, wsj.com/articles/SB95894419575853588.

P171｜量子基金在 2000 年下跌：Michael Batnick, B*ig Mistakes: The Best Investors and Their Worst Investments* (New York: Bloomberg Press, 2018).

P171｜什麼叫做『今天好嗎？』：Zuckerman, "How the Soros Funds Lost."

P172｜市場看來不太對：Zuckerman, "How the Soros Funds Lost."

P173｜在意別人的賺錢速度：Anupam Nagar, "Tendencies Charlie Munger Wants You to Beat to Make Money in Market," *Economic Times*, November 7, 2020, economictimes.indiatimes.com/markets/stocks/news/tendencies-charlie-munger-wants-you-to-beat-to-make-money-in-market/articleshow/79097287.cms.

P173｜如果能像麥可‧喬丹：Floyd Norris, "Another Technology Victim? Top Soros Fund Manager Says He 'Overplayed' Hand," *New York Times*, April 29, 2000, nytimes.com/2000/04/29/business/another-technology-victim-top-soros-fund-manager-says-he-overplayed-hand.html.

P174｜選擇不要受到傷害：Marcus Aurelius, *Meditations*, trans. Gregory Hays (New York: Modern Library, 2003), 39.

P175｜2022年的區塊鏈產業發生：For a good analysis of the rotation from blockchain/crypto to AI, see Wright's Research,

"Nvidia: Goodbye Crypto, Hello AI," *Seeking Alpha*, November 22, 2022, seekingalpha.com/article/4559930-nvidia-nvda-stock-goodbye-crypto-hello-ai.

P176｜許多投資人疏於研究：為了盡可能獲利，區塊鏈和加密貨幣產業的許多企業都改變了商業模式。Stacy Elliott, "Bitcoin Miners Are Pivoting in Search of Profits—and Hedging Their Bets," *Decrypt*, October 18, 2022, decrypt.co/112312/bitcoin-miners-pivoting-profits-hedging.

P177｜靈魂的悲劇：Lucius Annaeus Seneca, *Seneca's Letters from a Stoic*, trans. Richard Mott Gummere (Mineola, NY: Dover Publications, 2016), 351–52.

P177｜杜肯資本從來沒有虧損年：Andrew Ross Sorkin and Peter Lattman, "Founder Terminating Hedge Fund," *New York Times*, August 18, 2010, nytimes.com/2010/08/19/business/19hedge.html.

P178｜他在 2000 年：Peter Elstrom, Pavel Alpeyev, and Lulu Yilun Chen, "Inside the Eccentric, Relentless Deal Making of SoftBank's Masayoshi Son," *Los Angeles Times*, January 2, 2018, latimes.com/business/la-fi-tn-masayoshi-son-softbank-20180102-story.html.

P179｜我每一天都在看著價格上上下下：Masayoshi Son, "Masayoshi Son Talks about Learning from Mistakes and Turning Them into Success | DealBook," *New York Times Events*, November 17, 2020, YouTube video, 48:41, youtube.com/watch?v=4KZrOf0lyUA.

P180｜人們試圖逃離一切：Marcus Aurelius, *Meditations*, trans. Gregory Hays (New York: Modern Library, 2003), 37.

第 12 章：堅守策略

P182｜他的父親奧姆・帕波萊：William Green, *Richer, Wiser, Happier: How the World's Greatest Investors Win in Markets and Life* (New York: Simon & Schuster, 2021).

P183｜我父親曾這麼說："Mohnish Pabrai's Interview at Mint Equitymaster Investor Hour on April 11, 2023," *Chai with Pabrai* (blog), chaiwithpabrai.com/uploads/5/5/1/3/55139655/mohnish_pabrais_interview_at_mint-equitymaster_investor_hour_on_ april_11_2023.pdf.

P183 ｜他以全班第三名的成績：Preston Pysh, "Mohnish Pabrai's Approach to Beating the Market," *Forbes*, January 16, 2017, forbes. com/sites/prestonpysh/2017/01/16/mohnish-pabrai/?sh=48e243dd 3e01.

P183 ｜於是在 1983 年："Mohnish Pabrai's Q& A Session with Students at Clemson University on January 27, 2021," *Chai with Pabrai* (blog), chaiwithpabrai.com/uploads/5/5/1/3/55139655/ mohnish_pabrais_qa_session_with_students_at_clemson_ university_on_jan_27_2021_v2.pdf.

P184 ｜向客戶提供 IT 顧問服務："Mohnish Pabrai, Managing Partner, Pabrai Investment Funds," Udemy, n.d., udemy.com/user/ mohnishpabrai.

P184 ｜ 1996 年：Inc. Staff, "The Inc. 500 Index," *Inc.*, October 15, 1996, inc.com/magazine/19961015/2077.html.

P184 ｜某一天：Nikhil Agarwal, "Man Who Made His Billions by Cloning Buffett, Says Shed Ego First to Get Rich," *Economic Times*, May 19, 2021, economictimes.indiatimes.com/markets/

stocks/news/man-who-made-his-billions-by-cloning-warren-buffett-says-shed-ego-first-to-get-rich/articleshow/82761893.cms.

P185｜於是他在 1999 年：Vanya Gautam, "Mohnish Pabrai: The 'Copycat Crorepati' Who Made Billions by Following Warren Buffett's Strategy," *India Times*, November 17, 2022, in diatimes.com/worth/news/copycat-crorepati-mohnish-pabrai-who-clones-warren-buffett-585048.html.

P185｜接著，他用自掏腰包：William Green, "Turning $1 Million into $1 Billion by 'Cloning' Warren Buffett," *LinkedIn*, April 20, 2021, linkedin.com/pulse/turning-1-million-billion-cloning-warren-buffett-william-green.

P186｜我的對手：Green, *Richer, Wiser, Happier*, 35.

P186｜帕波萊基金從 2002 年：Agarwal, "Man Who Made His Billions."

P187｜其中包括：John Vincent, "Tracking Stocks in Mohnish Pabrai's Investment Funds: Part III," *Seeking Alpha*, October 10, 2011, seekingalpha.com/article/298573-tracking-stocks-in-mohnish-pabrais-investment-funds-part-iii.

P188｜一旦決定做一件事：Chuck Chakrapani, *The Good Life Handbook: Epictetus' Stoic Classic Enchiridion* (Toronto: Stoic Gym, 2016), 69.

P189｜我在四十八年的商業生涯中：Howard Marks, *Mastering the Market Cycle: Getting the Odds on Your Side* (Boston: Houghton Mifflin Harcourt, 2018), 235.

P190｜根據《紐約時報》：Charles V. Bagli, "Nasdaq Adds the Biggest, Brightest Light to the Times Sq. Glare," *New York Times*, December 29, 1999, nytimes.com/1999/12/29/nyregion/nasdaq-adds-the-biggest-brightest-light-to-the-times-sq-glare.html.

P191｜塞內卡建議：Seneca, *Letters from a Stoic*, trans. Robin Campbell (New York: Penguin Books, 2004), 64.

P192｜截至 2023 年 7 月，他的組合只有："Mohnish Pabrai's Portfolio," ValueSider, accessed July 26, 2023, valuesider.com/guru/mohnish-pabrai-dalal-street/portfolio.

P193｜人人皆想擁有知識： "Thoughts on the Business of Life," *Forbes*, forbes.com/quotes/5755.

P194｜付出努力達成善事：*Musonius Rufus: Lectures and Sayings,*

trans. Cynthia King, (North Charleston, SC: CreateSpace, 2011), 91.

第 13 章：如何開始投資股票

P200 ｜ 再說房地產的歷史表現：長期來看，標普 500 年均報酬率約為 10%，而房地產僅為 3% 或 4%。John Csiszar, "Should You Invest in Real Estate or the Stock Market?," *Yahoo! Finance*, January 24, 2023, finance.yahoo.com/news/invest-real-estate-stock-market-120027283.html.

P201 ｜ 2023 年：Adam Hayes, "401(k) Contribution Limits for 2022 vs. 2023," *Investopedia*, March 30, 2023, investopedia.com/retirement/401k-contribution-limits.

P201 ｜ 部分雇主會在員工投入 401(k) 時也按比例分配一定金額給員工：雇主按比例分配的金額有上限標準，通常會介於薪水的 4% 到 6%。這表示你不能投入 20% 同時又從雇主那邊領到另外 20%。雇主配比的比率也因企業而異。採用部分配比的雇主會按照一定比例回饋員工投入，通常是員工每貢獻 1 美元，雇主配比 50 美分。全額配比（一比一配比）

的話，員工每貢獻 1 美元，雇主即配比 1 美元。

P203｜假設家戶年收入中位數：Ironman at Political Calculations, "Median Household Income in February 2023," *Seeking Alpha*, April 4, 2023, seekingalpha.com/article/4592188-median-household-income-in-february-2023.

P203｜扣除各稅項之後：實際稅率根據各地區而異。此處採平均稅率 29.14％。"Federal Income Tax Calculator—Estimator for 2022–2023 Taxes," *Smart Asset*, smartasset.com/taxes/income-taxes#if0RCFtLkp.

P203｜每年投資 10％（5,700 美元）：Figures calculated with the investor.gov compounding calculator. "Compound Interest Calculator," Investor.gov, investor.gov/financial-tools-calculators/calculators/compound-interest-calculator.

P204｜2023 年，美國退休人員：James Royal and Brian Baker, "What Is the Average Social Security Check?" *Bankrate*, July 13, 2023, bankrate.com/retirement/average-monthly-social-security-check.

P205｜舉例來說，2010 年退休人員每個月：Social Security

Administration, "Average Retired Worker's Monthly Benefit Is $1,164," *Tampa Bay Times*, April 28, 2010, tampabay.com/archive/2010/04/28/average-retired-worker-s-monthly-benefit-is-1164.

P205｜至 2023 年漲幅為 57％："CPI Inflation Calculator," U.S. Bureau of Labor Statistics, bls.gov/data/inflation_calculator.htm.

P205｜2022 年，66％的美國家戶：Statista Research Department, "Homeownership Rate in the United States from 1990 to 2022," *Statista*, February 6, 2023, statista.com/statistics/ 184902/homeownership-rate-in-the-us-since-2003.

P205｜2022 年，大約 30％：Katherine Hamilton, "Gen Z Ahead of Millennials—and Their Parents—in Owning Their Own Homes," *Forbes*, April 21, 2023, forbes.com/sites/ atherinehamilton/2023/04/21/gen-z-ahead-of-millennials-and-their-parents-in-owning-their-own-homes/?sh=882c48a7d0e6.

第 14 章：斯多葛式退休

P209｜美國公債的年均報酬率："Historical Returns on Stocks,

Bonds and Bills: 1928–2022," New York University Stern School of Business, January 2023, pages.stern.nyu.edu/~adamodar/New_Home_Page/datafile/histretSP.html.

P211｜其中最常見的是「4% 法則」：Jasmin Suknanan, "What Is the 4% Rule and How Can It Help You Save for Retirement?" *CNBC* Select, November 30, 2022, cnbc.com/select/what-is-the-4-percent-retirement-savings-rule.

P211｜我們應該讓自己保有彈性：Lucius Annaeus Seneca, *On the Shortness of Life: Life Is Long if You Know How to Use It*, trans. C. D. N. Costa (London: Penguin Books, 2005), 90.

P212｜塞內卡曾說：Seneca, *On the Shortness of Life*, 10.

P213｜臨至生命盡頭：Seneca, *On the Shortness of Life*, 11.

第 15 章：90／10 投機法則

P215｜若某件事對你來說難以完成：Marcus Aurelius, *Meditations*, trans. George Long (Standard Ebooks, public domain), 88, standardebooks. org/ebooks/marcus-aurelius/meditations/george-long.

P217｜買了採礦公司巴里克黃金的股份：Theron Mohamed, "Warren Buffett Slashes JPMorgan and Wells Fargo Stakes, Bets on Barrick Gold," *Business Insider*, August 14, 2020, markets. busnessinsider.com/news/stocks/warren-buffett-sells-jpmorgan-wells-fargo-buys-barrick-gold-2020-8-1029506182.

P217｜六個月後卻以幾乎相同的價格賣出：Shubham Raj, "Does Warren Buffett's Short Honeymoon with Gold Signal You to Sell Yours?," *Economic Times*, February 19, 2021, economictimes.indiatimes.com/markets/stocks/news/does-warren-buffetts-short-honeymoon-with-gold-signal-you-to-sell-yours/articleshow/81105197.cms.

P217｜當時巴里克黃金：波克夏 2020 年總資產 8,737.29 億美元。"Berkshire Hathaway Total Assets 2010–2023 | BRK.B," MacroTrends, macrotrends.net/stocks/charts/BRK.B/berkshire-hathaway/total-assets. 波克夏在 2020 年花了 5.62 億美元買巴里克黃金股票，5.62 億美元占當時波克夏總資產的 0.064％。

P217｜所以風險微乎其微：Maggie Fitzgerald, "Barrick Gold's Stock Soars More Than 10％ after Buffett's Berkshire Reveals

Stake," *CNBC*, updated August 19, 2020, cnbc.com/2020/08/17/barrick-golds-stock-soars-after-buffetts-berkshire-reveals-stake.html.

P218｜在一年當中每天或每週：Jesse Livermore, *How to Trade in Stocks* (New York: Duell, Sloan and Pearce, 1940), 3.

P219｜某些交易員有『恐慌獵鷹』之名：Edward Chancellor, *Devil Take the Hindmost: A History of Financial Speculation* (London: Penguin, 1999), 168.

P220｜最常見的出場點位是 10％：The Investopedia Team, "Determining Where to Set Your Stop-Loss," *Investopedia*, June 4, 2023, investopedia.com/ask/answers/030915/how-do-i-determine-where-set-my-stop-loss.asp.

P226｜像羅馬人那樣：Marcus Aurelius, *Meditations*, trans. Gregory Hays (New York: Modern Library, 2003), 18.

結論：如花崗岩般堅毅

P231｜如果你持有股票：很遺憾，我找不到這段引言的出處，也不知道作者是誰。我記得這位作者當時推廣以黃金（而非股票）作為投資手段。如果讀者知道這段引言的出處，敬請透過我的網站與我聯繫，讓我更新這些註釋。

高寶書版集團
gobooks.com.tw

RI 397
斯多葛致富之道：1%富人的理財心態，三個原則穩步達成財務自由
The Stoic Path to Wealth: Ancient Wisdom for Enduring Prosperity

作　　者	達瑞斯・佛魯（Darius Foroux）	
譯　　者	陳宜婕	
編　　輯	林子鈺	
封面設計	黃馨儀	
內頁排版	賴姵均	
企　　劃	陳玟璇	
版　　權	劉昱昕	

發 行 人	朱凱蕾
出　　版	英屬維京群島商高寶國際有限公司台灣分公司 Global Group Holdings, Ltd.
地　　址	台北市內湖區洲子街 88 號 3 樓
網　　址	gobooks.com.tw
電　　話	(02) 27992788
電　　郵	readers@gobooks.com.tw（讀者服務部）
傳　　真	出版部 (02) 27990909　行銷部 (02) 27993088
郵政劃撥	19394552
戶　　名	英屬維京群島商高寶國際有限公司台灣分公司
發　　行	英屬維京群島商高寶國際有限公司台灣分公司
法律顧問	永然聯合法律事務所
初版日期	2025 年 01 月

This edition published by arrangement with Portfolio, an imprint of Penguin Publishing Group, a division of Penguin Random House LLC through Andrew Nurnberg Associates International Limited.
All rights reserved.

國家圖書館出版品預行編目 (CIP) 資料

斯多葛致富之道：1% 富人的理財心態，三個原則穩
步達成財務自由 / 達瑞斯 . 佛魯 (Darius Foroux) 著
; 陳宜婕譯 . -- 初版 . -- 臺北市：英屬維京群島商高寶
國際有限公司臺灣分公司, 2025.01
　面；　公分 . --

譯自：The stoic path to wealth : ancient wisdom
for enduring prosperity

ISBN 978-626-402-182-1(平裝)

1.CST: 個人理財　2.CST: 投資 3.CST: 財富

563　　　　　　　　　　　　　　114000250